/ 100 位

为新中国成立作出突出贡献的英雄模范人物/

叶成焕

薛 环/编著

★

吉林文史出版社

图书在版编目（CIP）数据

叶成焕 / 薛环编著. -- 长春：吉林文史出版社，
2011.4 （2022.4重印）
（100位为新中国成立作出突出贡献的英雄模范人物）
ISBN 978-7-5472-0588-4

Ⅰ．①叶… Ⅱ．①薛… Ⅲ．①叶成焕（1914～1938）—
生平事迹 Ⅳ．①K825.2

中国版本图书馆CIP数据核字(2011)第051237号

叶成焕

YECHENGHUAN

编著/ 薛环

选题策划/ 王尔立　责任编辑/ 王尔立

装帧设计/ 韩璘

出版发行/ 吉林文史出版社

地址/ 长春市福祉大路5788号　邮编/ 130118

电话/ 0431-81629363　传真/ 0431-86037589

印刷/ 天津海德伟业印务有限公司

版次/ 2011年4月第1版 2022年4月第6次印刷

开本/ 640mm×920mm　1/16

印张/ 9　字数/ 100千

书号/ ISBN 978-7-5472-0588-4

定价/ 29.80元

100位

为新中国成立作出突出贡献的英雄模范人物

八女投江	于化虎	小叶丹	马本斋	马立训	方志敏
毛泽民	毛泽覃	王尔琢	王尽美	王克勤	王若飞
邓 萍	邓中夏	邓恩铭	韦拔群	冯 平	卢德铭
叶 挺	叶成焕	左 权	诺尔曼·白求恩		任常伦
关向应	刘老庄连	刘伯坚	刘志丹	刘胡兰	吉鸿昌
向警予	寻淮洲	戎冠秀	朱 瑞	江上青	江竹筠
许继慎	阮啸仙	何叔衡	佟麟阁	吴运铎	吴焕先
张太雷	张自忠	张学良	张思德	旷继勋	李 白
李 林	李大钊	李公朴	李兆麟	李硕勋	杨 殷
杨子荣	杨开慧	杨虎城	杨靖宇	杨闇公	萧楚女
苏兆征	邹韬奋	陈延年	陈树湘	陈嘉庚	陈潭秋
冼星海	周文雍、陈铁军夫妇		周逸群	明德英	林祥谦
罗亦农	罗忠毅	罗炳辉	郑律成	恽代英	段德昌
贺 英	赵一曼	赵世炎	赵尚志	赵博生	赵登禹
闻一多	埃德加·斯诺		夏明翰	格里戈里·库里申科	
狼牙山五壮士		聂 耳	郭俊卿	钱壮飞	黄公略
彭 湃	彭雪枫	董存瑞	董振堂	谢子长	鲁 迅
蔡和森	戴安澜	瞿秋白			

前 言

　　每个人的心中都多少有一点英雄情结，都向往英雄、景仰英雄。也正因此，在中华人民共和国建国六十周年之际，由中央十一部委联合组织开展的"100位为新中国成立作出突出贡献的英雄模范人物和100位新中国成立以来感动中国人物"的评选活动中，群众参与投票总数近一亿。这其中的每一张选票，都表达了人们对英雄模范的崇敬之情，寄托着对伟大祖国的美好祝福。

　　一个民族不能没有英雄，否则这个民族就不会强大。当国家危难之时，懦弱者选择了逃避、妥协甚至投降，英雄们却挺身而出，用热血捍卫民族的尊严，人民的幸福。在创立和建设新中国的伟大历程中，涌现出无数可歌可泣的英雄模范人物。他们之中，有为了民族独立和人民解放而英勇牺牲的革命先烈，有为了党和人民的事业而不懈奋斗的优秀共产党员，有在全民族抗战中顽强奋战、为国捐躯的爱国将士，有英勇杀敌的战斗英雄和革命群众，有积极从事进步活动的著名民主爱国人士和国际友人……他们是民族的脊梁、祖国的骄傲，是激励全体人民团结奋斗的精神力量。

　　《100位为新中国成立作出突出贡献的英雄模范人物传记》丛书，就像一部星光璀璨的英雄谱，真实、完整地记录了英雄模范人物不平凡的一生，再现了他们非凡的人格魅力和精神世界。"头颅可断腹可剖"的铁血将军杨靖宇，"毫不利己，专门利人"的白求恩，"抗战军人之魂"张自忠，"砍头不要紧"的夏明翰，"俯首甘为孺子牛"的文化斗士鲁迅……一串串闪光的名字，一个个动人的故事，犹如群星闪烁，光耀中华。

　　如今，战火已熄，硝烟已散，英雄已逝，我们沐浴在和平的幸福之中。在和平年代，人们不会忘记为今日的和平浴血奋战的英雄们，英雄的故事永远不会结束。让我们用英雄的故事唤醒我们心中的激情，为中华民族的伟大复兴而奋斗。

生平简介

叶成焕（1914—1938），男，汉族，河南省新县人，中共党员。

叶成焕1929年参加革命，同年加入中国共产党。1930年参加鄂豫皖红军，屡建战功。抗日战争爆发后，任八路军第一二九师三八六旅七七二团团长，率部先后参加了长生口、神头岭、响堂铺等著名战斗，为一二九师在抗战初期的"三战三捷"作出了重大贡献。1938年4月初，日军调集三万余人的兵力分九路向晋东南大举进犯。4月15日，侵占武乡县城的日军三千余人，沿浊漳河东撤。根据一二九师师长刘伯承的部署，叶成焕率第七七二团等部为左纵队沿浊漳河北岸山地实施追击。16日晨，与其他部队一起在武乡以东的长乐村将东撤的日军大部截住，迅即发起攻击，将日军截为数段，压缩到狭窄的河谷里。至17时，第一二九师部队已将被围困于河谷里的日军基本歼灭。这时，有千余敌人从辽县来援。鉴于全部歼灭该股敌人已无把握，刘伯承决定以一部分兵力迷惑牵制敌人，主力立即撤出战斗。叶成焕接到命令后，一面指挥部队打扫战场，迅速撤离；一面跑上一个高坡，观察敌人增援部队的情况，完全把自己的安危置之度外。突然，一颗子弹射中了他的头部。当战士们抬着他后撤时，他留下的最后一句话是："队伍，队伍呢？"18日凌晨壮烈牺牲，年仅24岁。

1914-1938

[YECHENGHUAN]

◄叶成焕

目 录 MULU

"一个很好的布尔什维克"（代序）

"出身贫苦，为民打仗，长征路上累建勋。大将好助手，元帅乐器重。激战时刻，有君指挥，锁眉舒展春风。江畔惨剧，血债血偿，杀俘撤职贵深省。扶病战长乐，青史永留芳。死重泰山，永垂不朽，众将痛悼英灵。"

在八路军纪念馆的第一展厅陈列着一双草鞋。这双草鞋是抗战时期八路军一二九师七七二团长叶成焕生前穿过的。

人生在世，有谁不懂得珍惜自己的青春年华。24 岁，多么好的年纪，就像初夏池塘里的莲花一般，青春而又富有无限的生命力。它继续着用整整一个春天的力量所积蓄的勃勃生机，正要把它美丽的花瓣展示给这个绚烂的世界。

一切都才刚刚开始，24 岁的年轻人，他们对事业、对爱情，都充满着美好的向往。刚刚走出校园，积蓄了一肚子的能量，带着家人的期望，带着自己对未来的憧憬，踏着清凉的微风，朝着理想的大门一路走来。他们尚不知道什么是"愁滋味"，也还不曾被太多的挫折压得气喘吁吁。

这就是我们当代人的 24 岁，让人羡慕的青春好年华。

可是，对于叶成焕，这位出生在乱世，15 岁就参加革命的烈士来说，24 岁时，他已经是个作战经验丰富、战功赫赫、让敌人闻风丧胆的"老革命"了。同样的，也是在 24 岁时，为了中华民族的革命事业，这位"老革命"终于献出了自己宝贵的生命。

出生在旧社会贫苦农民家庭的叶成焕没有玩具，从小就在艰苦的环境中艰难地生长，但正是困苦的生活，锻造了他不屈不挠的顽强品质；刚 15 岁的叶成焕就参加了革命，懵懂的少年因战火的熏陶而迅速练达，但正是这种腥风血雨的洗涤，培养了他坚贞的革命理想和无私无畏的英雄气概。

时势造英雄，让我们追踪英雄的足迹和成长历程而前进……

童年和少年

(1914—1929)

→ 英雄的诞生

★ ★ ★ ★ ★

（0-1岁）

1914年7月28日，奥匈帝国正式向塞尔维亚宣战，第一次世界大战爆发。8月23日，日本借口对德国宣战，派兵侵入山东。9月2日，日军主力在山东龙口登陆，向青岛发动进攻。青岛成为第一次世界大战中亚洲唯一战场。

而此时的袁世凯正不惜代价实现他的皇帝梦，根本无暇顾及中华民族的命运。更让国人无法忍受的是，为了获得日本在军火和贷款方面的支持，袁世凯竟然与日本签订了丧权辱国的"二十一条"，明目张胆出卖国家主权，为日本对中国的侵略引爆了导火线。

此时，中国这个由于晚清的腐败统治而伤痕累累的泱泱大国，还没来得及品尝辛亥革命带来的喜悦，就再一次沦为北洋政府和帝国主义的牺牲品。中华大地满目疮痍，中国人民怨声载道。

新县，位于河南省东南部鄂豫皖三省结合处。这座位于大别山腹地的小县城正贪婪地舒展着自己的动人身姿，似乎要把她的纯粹与美

△ 叶成焕故居

丽展示给全世界。

这座小城秀美而富饶，她东襟合肥，南视武汉，北达郑州，素有"三省通衢"和"中原南门"之称。小城被青翠的群山环抱着，清澈秀美的小潢河缓缓从她的身边流过，为她平添了几分诗情与画意。新县的气候温和湿润，资源丰富，这里盛产茶叶、板栗、银杏、油茶、中药材、山野菜和猕猴桃等作物。而山清水秀的郭家河乡，就如同从顽童手中洒落的一把棋子，镶嵌在新县的西南部，为这座美丽的县城更增添绚烂的一笔。

可是，新县的美丽，郭家河乡的美丽，此时却都被眼前拨不开的乌云遮挡着，民国初年的中国，一切都显得那么混乱不堪：时有发生的战乱、北洋军队的骚扰、政府的腐败与干扰、地主劣绅的剥削与压榨，再加上连年的灾荒，早已使这个往日美丽的地方失去了原来的模样，居民原本平静的生活被支解得支离破碎，陷入了水深火热之中。

1914年10月19日，著名的抗日烈士叶成焕就出生于河南省新县郭家河乡吴河村的一个贫苦农民家庭。小家伙的出生为这个贫苦的家庭带来了一丝快乐。虽然又多了一张吃饭的嘴，可是婴儿清脆的啼哭和胖乎乎的小脸儿还是让家人沉浸在幸福中。父亲抱着儿子仔细端详着，只见小家伙天庭饱满，地阁方圆。他的眼里溢出了掩饰不住的幸福又酸楚的泪。"就叫'成焕'，希望他以后能迎着光明成长，看到幸福的未来，长成一个有出息的好孩子，不要像我们这代人，生活在无休止的黑暗中。"思考良久后，父亲百感交集地说道。母亲连连点头，流着泪连声说好名字好名字。

叶成焕聪明伶俐，从小就深得父母的喜爱，所以虽然家境贫寒，叶成焕却得到了父母最无私的爱，他们总是把最好的东西留给他，也不会因为他的顽皮而责备和打骂他。父亲常说，顽皮是孩子的天性，顽皮的孩子才聪明。就这样，在这份浓浓的爱中，叶成焕无忧无虑地成长着。

→ ## 仇恨的种子

★★★★★

（1-7岁）

土地问题向来是中国农村最核心的问题，对于每个农民来说，土地就是他们的命根子。"耕者有其田"也是伟大的革命先行者孙中山先生的一句至理名言。可是在中国的旧社会，对于一个没有钱的农工或佃户而言，要想积攒足够的钱来买可以养家糊口的土地几乎是根本不可能的，贫苦的农民们只有租种地主家的田地。而这种租种要交很高的租，地主也正是靠这种方式对可怜的农民进行剥削，地主的口袋越来越鼓了，可农民们辛苦一年的收成，却七八成都被他们拿了去。就算是个丰收年，农民们也是空欢喜一场，地主们最后还是会把其盘剥得所剩无几。如果遇到灾年，农民们就更惨了。地主坚持"荒不减,熟不拖"，照常收租，农民往往难以为生。

从叶成焕记事起，他就看见父母和家人每天都是早出晚归，脸朝黄土背朝天，没日没夜地劳作着。沉甸甸的犁耙压弯了父亲原本笔直的腰身，灰蒙蒙的尘土遮盖了母亲原本美丽的脸庞。叶成焕看到的，还有秋收时节收租地主铁青的脸，和父母千方百计要讨好那些地主时那不停陪笑的神情。叶成焕就是想不明白，为什么每年到了丰收季节，家人就忙着割肉买酒，杀鸡杀鸭，先要请地主好好吃上一顿，辛苦一年的劳动成果就这样大部分被脑满肠肥的地主一顿饭的工夫就吃掉了。

后来他渐渐明白了，那是因为家人要借着请地主吃饭的时候，同他们商量交租的事，父母总是希望地主能看在家里好吃好喝招待的份上，把地租放低一点。这样家里也好多几分收成，孩子们就可以吃得饱一点。但结果又是如何呢？其实，这只是交租人一厢情愿的事，因为不管你说多少好话，还得地主最后一锤定音。这些地主，哪里会有怜悯之心？吃饭时点头答应好好好，可是吃完后就不认账，你泥里水里辛苦劳作一年的果实，大部分还是要被这些人拿走。

随着年龄的增长，叶成焕渐渐懂事了。望着腆着大肚子吃饱喝足走后的地主，和桌子上被吃得只剩下骨头的鸡鸭鱼肉，他怎么也想不明白，自己平时喂的鸡养的鸭，为什么都要杀给这些可恶的地主吃？为什么家人辛辛苦苦积攒了一年的好东西，自己家人一点没吃到，却都进了那些收租地主们肥大的肚子？为什么那些地主平日里十指不沾泥，每到丰收季节，就走家串户地大吃大喝，可是他们这些辛勤劳作的农民，却一年到头过着贫苦的生活呢？

一连串的问号从叶成焕的小脑袋里冒了出来，从那时起，在叶成焕的心里，就生起了一股强烈的对收租地主的痛恨之情。他挥舞着小拳头对妈妈说："妈妈，等我长大了，一定要狠狠打这些地主一顿，给穷人们出出气。"妈妈听后笑了："傻孩子，咱们是斗不过地主的，你长大了，只要好好读书，将来别像我们这样挨欺负就行了。"

⊙→ 在私塾

★★★★★

五六岁上，叶成焕就表现出了同龄孩子少有的机智和勇敢。当父亲的于是立下誓言，不管多么艰难也要让儿子去接受教育。他还给叶成焕找来了《三字经》、《百家姓》等书让他来读。父亲的这些做法就是希望孩子能有些知识，他最单纯的愿望其实就是希望孩子不要像老一辈那样，因为没有文化而受尽欺辱。这种屈辱的生活，父亲实在过得很辛苦。

就这样，叶成焕在7岁时被妈妈牵着手，送到了一个私人开设的私塾去读书。

那天早上，母亲牵着叶成焕的小手，把他带到本村办的一个私塾。他们去的时候，几个和叶成焕差不多年纪的小孩子正挤在屋子里，摇头晃脑地念书。可是究竟念的是什么，叶成焕却一句也没有听清楚。叶成焕环顾这个光线昏暗空气浑浊的屋子，只见屋子里摆着两张桌子，其中一张桌子上供着孔夫子的牌位，另一张桌子空着，上边横放着一根藤条，桌子下边有一张方凳，那是先生坐的地方。叶成焕望着那根粗大的藤条，眼睛里不禁流露出恐惧。

正在这个时候，先生踱着方步进来了。母亲赶忙拽拽叶成焕的手，示意他朝先生行礼。她自己也绞尽脑汁，向先生说了许多好听的话，当然，无非是希望先生对这个孩子能多多关照之类的。可是那先生翻开大眼皮看了衣衫破旧的母子俩一眼后，就再没正眼看他们。接着，他就摆出了一副冷冰冰的面孔，把脸拉得好长好长，只哼哼呀呀着应付了几句，就打发母亲离开了私塾房。母亲临走时仍给那先生行礼："先生，这孩子就麻烦您多照应着了。"她又转向叶成焕："成焕，要听先生的话，好好读书。"

母亲走后先生按惯例让叶成焕去拜了孔圣人的像，又让他跪在地上给自己磕了头。叶成焕不情愿地做了这些后，就算是这位先生的入门弟子了。

从那以后，叶成焕就和村里的很多小孩子一样，背着母亲用旧衣服改成的小书包，每天顶着初升的太阳去私塾读书。他清楚记得，那时每天早上先生一到，小孩子们的第一件事就是背书。先生总是闭着眼睛轻轻摇晃着脑袋听他们背书。可是，让叶成焕不解的是，别看先生闭着眼睛一副心不在焉的样子，可要是哪个孩子背错了或者是卡壳儿了，他一下子就听得出来，一双贼溜溜的大眼睛顿时盯得你浑身发抖。于是，学习好的孩子们，把头天念的书背一遍，就算完成了任务。学习不好的，要是背不出来可就要遭殃了。先生把眼皮往上一翻，顿时变成了凶神恶煞，粗大的藤条和戒尺一起上，打得孩子们眼泪在眼眶里打转，小手钻心地疼。不过这当然也有例外，如果你是富人家的孩子，先生就绝对不会轻易使用"武力"了，他只是敷衍了事象征性说上几句，就放他们过关了。

背书之后，紧接着就是上新课了。先生这时会先把课文念一遍，然后再领着小孩子们念一遍，也不讲字辞的意思和内容，草草完事大吉。要是哪个孩子生字没记住再去问，那先生准会眉毛一扬，先看看是哪个。如果是富人家的，他就和颜悦色，告诉你怎么读，但如果是穷人家的，他就会把脸拉得好长，狠狠训斥一顿后，才把你问的字告诉你。为了不受先生的训斥，叶成焕总是在先生读新书时竖着耳朵聚精会神地听着，生怕漏掉一个字。

再接下来就是念书了。只要念书一开始，先生一天的教学就算完成了。这时候，他会躲到另一间房里抽烟喝茶享自己的清福去了。而每到这时候，教室里也就成了小孩子们的天下，整个气氛立刻就变了，孩子们有的摇头晃脑地读书，有的说说笑笑甚至打打闹闹，可是，就算孩子们把房顶掀起来，先生也懒得过来管一管。所以，这也成了最受小孩子们欢迎的一个环节。

就这样，叶成焕糊里糊涂地先念"人之初，性本善……"，又念"赵钱孙李，周吴郑王……"，接着还念了"天地玄黄，宇宙洪荒……"。可是，书中说的是什么意思，他却一点也不知道。叶成焕虽然从没因为背不出头天教的书而遭到惩罚，但先生这种不公正的处罚方法，却又在他的心里埋下了一颗仇恨的种子。他时常在夜里问妈妈："妈妈，为什么穷人家的孩子背不出书就要挨打，富人家的孩子背不出书就不用挨打呢？"妈妈轻轻拍着儿子瘦小的身体，叹道："富人家的孩子和我们穷人家的孩子当然不一样，人家是有钱人，金贵着呢，先生巴结人家都还来不及呢，怎么能动手打呢。我们穷人家就不同了，没钱没势的，只有一条贱命，打几下也碍不着人家什么事。"叶成焕不解地问："都是一样的人，为什么他们就比我们高出一等呢？"妈妈不再说话，只是又深深叹了一口气。

⟶ 最初的反抗

★★★★★

（7—15岁）

对于地主的种种恶行，以及遭遇种种不公正的待遇，大人们已经习惯忍气吞声认命了，可是对于小孩子而言，认命似乎没那么容易。叶成焕和小伙伴们，对于地主的种种恶行和不公正待遇早都深深记在了心里。在他们看来，只有以其人之道才能治得了其人之身，才能替自己替家里出一口恶气。叶成焕平时除了学习和放牛做家务之余，他想得最多的，就是如何给那些欺压穷苦人的地主一点颜色看看，好让他们知道，穷人也不是那么好欺负的。

叶成焕聪明伶俐，鬼点子多，又很有号召力，所以是附近小孩子们的头头儿，小孩子们都非常听他的话。这天，叶成焕和小伙伴们如此这般地商量了好久。

接下来，在大家焦急的等待中，弯弯的月亮探出了白净的身体，天终于慢慢黑下来了。整装待发的小伙伴们迫不及待地离开家门集合到一起。他们悄无声息地来到村头一户地主的田地边。这是一片望不见边际的玉米地，硕大的田地并不见有一个人在看守。

多么好的机会啊！夜静悄悄的，一切都笼罩在一片深蓝色的雾霭中，只有玉米拔节的咔咔声显得格外清晰和刺耳。借着皎洁的月光，孩子们看见那些玉米都长得老大，胖乎乎的是那么惹人喜爱。大家互相使了眼色，在叶成焕的带领下，蹑手蹑脚小心翼翼地钻进玉米地，他们先是掰下玉米剥开叶子，放开肚皮美美吃上一顿，吃饱后，就把玉米一棵棵地拔起来丢在一边。干完这些后，大家趁着夜色又摸回了村子，心满意足地美美睡了一大觉。

不过兴奋之余，叶成焕还是有些担心的。他担心地主知道此事会找他们报复。那样的话，他就不但害了自己的家人，还害了小伙伴们的家人了。于是。叶成焕开始了忐忑不安的等待。可是，第二天转眼就过去了，平安无事。这大概是因为地主抓不到什么证据，不好去找哪家人，所以也只能自认了倒霉，最终在村头大骂了一场就不了了之了。

这一次报复行动的成功，让叶成焕着实高兴了很久。他的胆子也渐渐大了起来。从那以后，他和小伙伴们开始不断和地主暗地里斗争。插秧的季节，他们会跑到地主的田地里，把地主放好准备插秧的水放掉；秋收季节，他们还会跑到地主的地里把农作物成熟的果实吃掉或者毁掉；到了严寒的冬季，他们就去偷地主晒在山上的柴火，然后挑到附近的村子里去叫卖。这样的报复行动总是让这些孩子们兴奋不已。

诸如此类的报复行动，真的把地主的鼻子都气歪了。叶成焕和他的伙伴们也着实得意了很久。可是日子还是要一天天过，虽然有叶成焕和小伙伴们的报复行动，但这些比起地主对村民赤裸裸的剥削，简直是小菜一碟。或许正是由于孩子们的报复，地主就变本加厉地把这些再还给乡亲们。叶成焕一家和其他穷苦的乡亲们一样，还是不得不在地主的剥削中更加艰难地度日。看着辛苦劳作的父母，叶成焕只能一次又一次在心里暗暗发誓：一定要和这些吃人肉喝人血的地主们斗争到底！

→ 寻找真理

★★★★★

（15岁）

　　时间一天天过去，转眼就到了1927
年。叶成焕这时已经长成了一个13岁的少
年。在私塾里，他成绩优秀，所以虽然家
庭贫寒，但还是比较受老师的喜爱。可尽
管如此，思维渐渐丰富的叶成焕还是对这
种死记硬背、囫囵吞枣的学习方式感到反
感。大家整天眯着眼睛唱唱咧咧，先生如
此，学生也是如此。先生从来不会给学生
讲课文的含义，学生也不敢向先生发问。
叶成焕也不喜欢那些经书一样的文章，他
更感兴趣的是那些中国的古典小说，特别
是有关造反的故事，像《岳飞传》、《三国
演义》、《水浒传》之类的。他总是想尽一

切办法去获得这些书。可老师却不喜欢这些书，称它们为邪书。所以每当叶成焕在课上读这些书的时候，他总是把一本经书放在下边，老师走过来时，他就把经书再盖到上边做掩护，摇头晃脑地读上一通了事。他不但废寝忘食地读着，还把那些故事背得滚瓜烂熟，老师不在或者下课以后，他就和同学们面红耳赤地讨论。

就在这一年的 8 月 1 日，著名的南昌起义爆发。同年，在共产党员潘忠汝等的率领下，发起了湖北黄（安）麻（城）地区的农民起义。经过三天激战，起义军全歼了城内反动武装，把土地革命的红旗第一次插上了古老的黄安城

△ 南昌起义浮雕

头，鄂豫边根据地迎来了一个崭新的开创期。

也就在这个时候，私塾里来了一位新老师。这是一位态度和蔼的年轻人。他给学生们讲孙中山，讲辛亥革命，也讲中国共产党是怎么成立的，以及它是一个专门替穷苦人民说话办事的红色组织等等。叶成焕抬起下巴听得入了迷。回到家，他还会把这些讲给妈妈听。妈妈听后叹了一口气说道："要是这个共产党真能替穷人办事，那我就让我儿子跟着他去干革命。"叶成焕顿时睁大眼睛："娘，你说的是真的？"妈妈坚定地点了点头："嗯，是真的。"叶成焕闪烁着明亮的眼睛，一脸严肃地说道："娘，你放心吧，将来我一定要参加革命，把那些剥削欺负穷人的地主老财和反动敌人们全都打倒。"

春去秋来，两年过去了。

1929 年 5 月，中共商（城）罗（田）麻（城）特委举行了商南的农民、士兵起义（即立夏节起义）。徐子清、肖方分任正副指挥，周维炯负责军事，定于农历立夏节起义。到这一年的 10 月，起义获得空前成功，并改商城县为赤城县。豫东南根据地亦被开辟。

红军进了河南，进了新县，也进了叶成焕生活的小村庄。他们做的第一件事就是把所有的地主老财和放债的以及当官的全部赶跑，把地分给贫穷的农民。农民们获得了土地，并且不用再给税吏和地主交租纳税了。叶成焕他们家也分到了地。

获得好处的农民兴高采烈地拿出他们仅有的点心、水果和茶水招待亲人红军。因为多少年来，他们第一次找到了被人平等对待的感觉，也第一次获得了真正属于自己的土地。

红军还四处发传单，让百姓明白他们是专门为穷人说话办事的红色政府，也让百姓明白革命的意义和目的，受尽欺负的百姓终于明白了一个道理——他们是这里的主人，可以堂堂正正地生活，不需要忍受任何人的剥削和压迫。红军战士们还会在空地上为百姓演出精心编排的宣传革命的节目。老百姓都看得入了迷，叶成焕总会在围观的人群中露出脑袋。红军战士们还会同老百姓一起劳动，帮助他们开垦荒地，打理庄稼，还会教这些农民识字读书。根据地到处是一片欣欣向荣的景象。

参加革命

(1929—1932)

→ 茁壮成长的"红小鬼"

★★★★☆

（15—16岁）

备受军阀和地主压迫的穷苦农民终于可以昂首挺胸地做人了，不再需要交纳昂贵的租金，农民的生活状况得到了明显改善。受到了实惠的农民把红军当成了他们的救命恩人，他们用自己的方法支持着这支专门替穷苦农民办事的红色队伍。很多青少年都参加了革命的队伍。叶成焕也在这个时候在家人的支持下，同好多小伙伴一起，光荣地参加了革命。

15岁的叶成焕终于参加革命了！

之后的日子里，叶成焕进步很快。虽然参加时间不长，年纪又小，可是叶成焕却表现出超凡的学习和工作能力，进步之

△ 叶成焕

快甚至让部队的首长都很惊讶。于是，在参加革命当年，15岁的叶成焕就光荣地加入了中国共产党。他举起小拳头，在党旗下庄严宣誓，要为共产主义事业奋斗终生。1930年2月，16岁的叶成焕正式被批准成为中国工农红军的一员。

叶成焕聪明机警，首长又听说他入伍前读过八年的私塾，于是高兴地交给他一个任务，让他教那些不识字的战士和百姓们认字。乐于助人的叶成焕高兴极了，每天都兴高采烈地认真准备和完成自己的工作。

那时，苏区里还有很多和叶成焕一样也参加革命的小家伙，部队的大人们亲切地把他们叫做"小鬼"。这些小家伙是革命大家庭里的开心果，大人们都喜欢他们，疼爱他们。小家伙们总是穿着袖子耷拉到膝盖的制服在部队里忙忙碌碌。他们的脸上总是脏乎乎的，有的鼻子下还淌着鼻涕，还经常用袖子去揩。这些小家伙们都佩带着红领章，戴着同样大上几号的帽子，虽然帽檐都是皱皱巴巴的，但帽子前方正中央却都缀着一颗红色五角星。他们总是把这颗星星擦得很亮。"小鬼"们有的是逃跑的学徒，有的是童工，但大多数都是因为家里人口太多没法糊口而跑出来的，他们有一个共同特点，都是自己做主参加红军的，也有的是成帮结伙地跑来投奔红色队伍的。在这些小家伙的眼里，红军是了不起的人，是可以让穷苦人民脱离苦海的活神仙。在部队里，这些小鬼第一次被当做人看待。他们吃住都像个人，事事都可以参与，再没有谁随便责备和打骂他们。因此，这些小家伙都是心甘情愿追随红军的。

这些"少年先锋队员"们有的担任炊事员，有的担任司号员、通讯员和小马倌。他们都是有正式编制的红军。休息时，这些小家伙经常三五成群地坐在一起，认真严肃地聊天，谈政治，或者谈论他们个人的烦恼和困惑。部队里的生活其实很艰苦，战士们睡的是硬邦邦的土炕，没有褥子，只有一双棉被。他们没有桌子或写字台，大家就用砖头和石头砌成凳子来学习和工作。他们的伙食也很简单，基本是吃小米和白菜，有时会有

△ 中国工农红军总部旧址

一点点肉。但不管是首长还是普通士兵，人人都一样。可是这些在艰苦和被压迫的环境中长大的"小鬼"们却一点也不介意。对他们而言能有这样好的地方可以不断学习来充实自己，还可以真刀真枪同反动派打仗，已经是再好不过的事情了。

部队的生活很充实。在不劳动不值勤时，这些少年先锋队员和所有红军战士一样，每周工作六天。他们早上5点起床，晚上9点吹"熄灯号"就寝，每天的日程包括：起床后做一个小时早操；早饭；两个小时的军事训练；两个小时政治学习和讨论；午饭；一小时午休；两小时学认字；两小时体育运动和比赛；晚饭；唱歌和小组会；就寝。

叶成焕负责教战士们认字。他很认真地备课和准备教材。为了达到让认字和政治学习一举两得的目的，他干脆把一些政治宣传口号直接编成了简单易学的文字，比如"红军是一支革命队伍"、"红军是抗日的"、"红军帮助人民"等等。这样一来，战士既认识了字，也把这些话牢牢记在了心里。别看叶成焕还是个孩子，可是给战士们上起课来却是一副严肃认真的样子。有一次，每当战士们看着这个穿着肥大军装颇具成人风范的小老师那严肃认真的模样，都忍不住笑出声来。这时，叶成焕就会板起脸，把手背到后边，清清嗓子，庄重地说："不许笑，我们是在学习，大家要严肃认真。跟着我，再把课文复习一遍。"可是他这么一说，下边同志的笑声却更大了。结果叶成焕自己也忍不住"扑哧"一下笑出了声。

每逢休息日，叶成焕还会同其他教员一起，到当地的百姓身边去，教他们学知识学文化，也帮助他们搞农业生产。而部队的军事训练也是叶成焕最喜欢的事情之一。他认真刻苦地学习射击、投弹、打炮、攀爬，钻研打夜战、野外生存等本领。他时常废寝忘食地进行这些训练，汗水总是湿透他的制服，可是他仍然不眠不休。一分辛苦，一分回报，每次考核，叶成焕的成绩都是名列前茅。为此，他经常受到部队首长的表扬。

在苏区，少年先锋队还有一个重要的任务，就是检查后方的过往行人，查看他们是不是有路条。他们十分坚决地执行这个职责。有一次，正好赶上叶成焕站岗，这时走过来一个首长模样的人。叶成焕礼貌地伸手拦住他要路条。那位首长报出名来："可我是某某，那些路条都是我写的。你现在问我要，我该找谁写才是呢？"叶成焕坚定地说："没有路条就是不能过去。"首长一时不知道怎么办才好。叶成焕这时又坚定地说："别想蒙混过关！"叶成焕说完，向伙伴们一起发出了求援信号，几个男孩子马上从旁边的地里冒出来。首长没办法，无奈地笑了笑，自己写了路条，又签上了自己的名字，叶成焕才敬礼放他过去。

就这样，随着时间推进，就在这样的教与学相辅相成、理论与实践高度结合的学习和工作过程中，在这样紧张但充满乐趣的部队生活中，叶成焕和他的小伙伴们也一起健康快乐地成长着，渐渐长成了可以参加甚至指挥战斗的坚定的布尔什维克。

→) 初露锋芒

★★★★★

（16岁）

1930年10月，蒋介石收编了大量杂牌部队，为围攻红军的各个根据地做准备。到11月初，敌人对鄂豫皖抗日根据地已基本上构成包围的态势，在根据地的东南西北四个方面，敌人分别布置了陈调元的第四十六师、戴民权新编第二十五师、夏斗寅第十三师和郭汝栋第二十六师，以及吉鸿昌第三十师和张印相第三十一师等部队，开始了对鄂豫皖抗日根据地的第一次"围剿"行动。

11月上旬，夏斗寅的第十三师开始进犯鄂

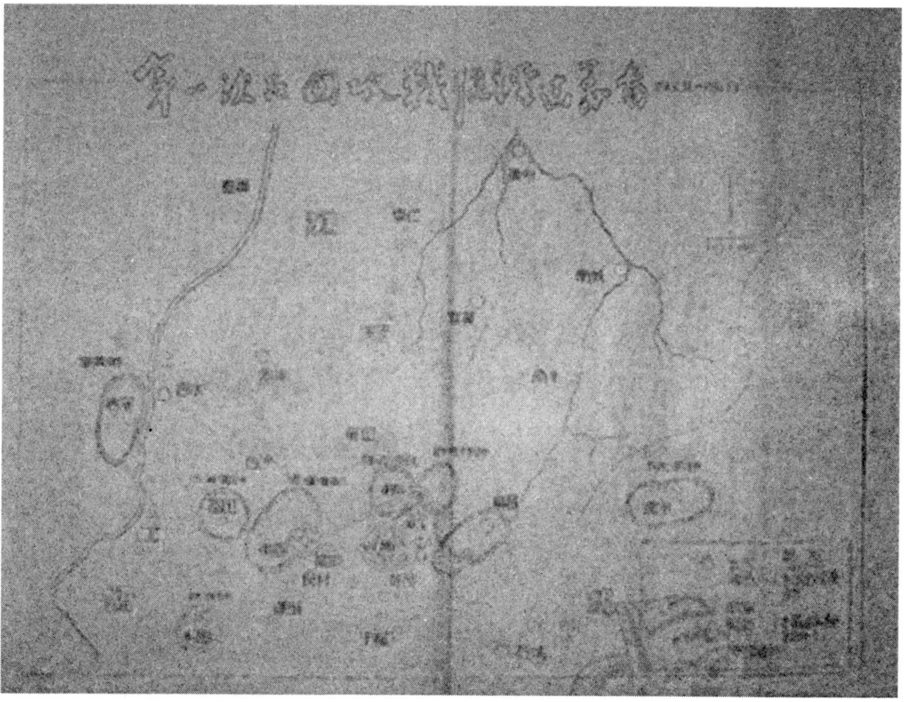

△ 第一次反围攻战役经过要图

豫皖抗日根据地南部，黄麻地区形势骤然紧张。不久，叶成焕所在的红一军接到放弃光山（新县）、罗山，南下打击敌人，并伺机向长江沿岸发展，与红十五军取得联系的命令。

11月的鄂豫地区，天气已经渐渐转冷，可是红军还都穿着单衣。大家迎着扑面而来的冷风冷雨，瑟瑟发抖地从驻地出发，一步一步艰难地向前跋涉着。16岁的叶成焕这时已经是某团的一个通讯员。虽然他还是个孩子，可是却一点也不示弱。他寸步不离地跟在团长左右，不仅风雨同行，和寒冷的天气搏斗，而且还要照料和保护团长。团长对这个小鬼既喜爱又心疼，他想让叶成焕骑在他的马上，没想到叶成焕却说："团长，你放心吧，我没事的。以前在家乡的时候，大冬天要出去砍柴，还要往返三十几里的山路去卖。所以这点困难是难不倒我的。何况现在是和同志们在一起，我高兴着呢，劲头可足了！"

就这样，经过两天的急行军，他们终于到达黄安城城西的河口镇，接着，红军战士们不顾长途跋涉的劳累，又马不停蹄地奔赴黄陂以北的姚家镇，迎战夏斗寅的第十三师七十五团。

这天傍晚，团长正在临时办公室里工作，叶成焕喊了一声"报告"后走了进来。团长放下手中工作，微笑地看着他："怎么，这么晚了，有事吗？"叶成焕挺了挺胸脯，鼓足勇气："有事，团长，我要求参加这次战役。”团长笑出了声：“你这小鬼，你说说入伍到现在，哪次战役你没参加啊？”叶成焕噘起小嘴巴：“参加是参加了，可都是在给首长端茶送水，最多也就是抬一下伤员。哪里有机会到战场和白军真刀真枪地干啊？”团长又笑了：“你这小子，净想干大事，在后方为战友服务就不是工作？”叶成焕挠了挠头：“团长，平时的军事训练中我的成绩都是第一名，这您是知道的，可那都是纸上谈兵。战场上那才是真本事呢。这次战斗就是一个很好的实践机会，每次战役都有很多优秀的指挥员牺牲，他们的离开是我们的巨大损失啊。难道团长您不希望我进步更快，快点成长为能打仗会指挥的人才吗？”团长下意识地点了点头，叶成焕见缝插针：“团长您点头了，这么说您是同意了，真是太好了。那我回去准备了。”团长愣了一下，接着哈哈大笑：“你这小鬼，真是机灵啊，也会给别人做思想工作。好吧，这次算我被你说服了。不过你要向我保证，要毫发无伤地给我回来！”叶成焕高兴地敬了个军礼：“是！”

战斗是在 11 月 11 日清晨打响的。这是一场十分激烈的战斗。叶成焕真的参加了战斗。这也是他生平第一次参加真正的战斗。俗话说："初生牛犊不怕虎。"叶成焕在这次战斗中表现得非常勇敢，他同其他红军战士一起冲杀，与敌人展开了短兵相接的肉搏战。平时的军事训练在这时全都派上了用场。一同参加战斗的还有其他一些少年先锋队的队员。敌人看见这个"红小鬼"都嘲笑地说，他们一把就可以抓住这些孩子的刺刀，把他们拖下战壕。因为这些孩子们实在太小了。可是孩子们却一点也不示弱。他们用他们的勇敢坚强和机智，顽强地同敌人搏斗着。有的孩子还在这次战斗中光荣地牺牲了。叶成焕第一次亲眼见到曾朝夕相伴的战友顷刻间在自己眼前倒下。

这是一场十分激烈的战斗，敌我双方伤亡都很大。战斗一直打到天黑才结束。敌人最后因为兵力不足，仓皇逃往黄陂。

夜深了，周围的一切都变得静悄悄的。一轮弯弯的明月挂上了深蓝色的夜空，无数金色的星星闪烁着美丽的眼睛。一条小溪在红军驻地的附近哗哗地流淌着。叶成焕一个人坐在小河边，对着潺潺流动的溪水默默流起了泪。他的朋友们有好多在这次战斗中牺牲了，他们有的是同他一起参军的少年先锋队员。一张张充满朝气的年轻面庞浮现在叶成焕的脑海里，他不敢相信这些人此刻已经和他阴阳两隔，就这么永远分离了。叶成焕感到心上像被刀割掉一块肉一样，剧烈的疼痛一浪接着一浪袭来。他感受到了战争的残酷与无情。

团长走到叶成焕的身边，悄悄坐下："小鬼，怎么了？"叶成焕满脸是泪地抬起头："团长……"他又低下头，小声地继续说道："好多战友都在这次战斗中牺牲了，我、我想念他们。他们还都那么年轻……"团长拍了拍叶成焕的肩膀："孩子，战争就是这样残酷，不过我们今天的流血牺牲，是为了我们的同胞明天能更幸福地生活。"叶成焕看了看团长，他们都不再说话，静静地望着那条流淌的小溪，溪水的哗哗声在宁静的夜里显得格外清晰……

接下来的几天，红一师又向敌人发动了几次进攻。这几仗虽然未能消灭太多敌人，却打击了敌人的嚣张气焰，为准备反"围剿"，赢得了宝贵的时间。

→ 在反"围剿"战斗中

★★★★★

（15—18岁）

天气越来越冷了，可叶成焕和他的红军战友们仍然穿着单衣，打着赤脚。战士们在凛冽的寒风中瑟瑟发抖，大家的手脚都冻得麻木了，很多战士还生了病。战士们冻得通红的脸和长满了冻疮的手脚，让徐向前等红一军领导同志看在眼里，急在心上。解决战士们的冬装问题，成了压在领导们心头的一块大石头。

俗话说得好："天无绝人之路"，"车到山前必有路"。就在这个时候，情报员送来情报：位于武汉市东部的新洲兵力空虚，是个商埠城镇，只有一些民团在留守。

领导们听到这个消息，顿时兴奋起来，当即决定奔袭新洲城。战士们的冬装终于要有着落了。

11 月 30 日，红一军的全体官兵从驻地谢店出发，开始往新洲方向急行军。冷风像刀子一样从身上划过，天上飘着鹅毛大雪，羊肠小道被地上融化的积雪浸泡得异常松软，身穿单衣的红一军官兵们面临着非常严峻的挑战——行军异常困难。南方的雪是这样的，举目望过去漫天皆白，可是却边下边融化，一落到地上，就成了一汪水，湿漉漉，冷飕飕，再加上身着夏天的单衣，那种滋味，别提多难受了。

叶成焕紧跟在团长身后，艰难地向前行走着。突然，一不留神，他脚下一滑，重重地摔倒在地上。

一旁的战友赶快把他搀扶起来，一见他的样子，大家都忍不住笑了。原来这时的叶成焕已经变成了一个"泥巴猴"，浑身都被湿漉漉的泥巴包围住了。一个战友笑着对他说："你看你，好端端一个红军战士，这下子怎么变成一个'泥军'了呢？"

听了这话，叶成焕不高兴了，他正了正自己的制服，把胸膛高高挺起："红军就是红军，就算变成'泥军'，打起仗来还是响当当的红军！"大家都笑了。叶成焕却感到自己的脚底下传来一阵阵刺骨的寒冷，他低头一看才发现，原来自己的草鞋不见了。他于是和战友们一起找起了鞋子。可是，鞋子被陷到了泥潭里了，他和战友们费了好大力气，也没能把草鞋找到。

走在前边的战友在大声地召唤他们。行军紧张是不容掉队的。叶成焕只能硬着头皮光着脚，踩进冰凉刺骨的泥水中……

就是凭借着这种革命的乐观主义精神，叶成焕和他的战友们在恶劣的天气里艰难地行走着，在寻找真理的道路上艰难地行走着。他们坚信，终点就在前方，光明就在前方。

在途中，他们又获得了老对手郭汝栋的混成旅准备进驻新洲的消息，红一军领导当即决定趁机给他一个下马威。当战士们听到要夜袭新洲城，去收拾郭汝栋时，寒冷饥饿疲劳感顿时消失了，浑身上下充满了力气。他们马不停蹄，在泥泞的道路上急行军四五十里，午夜时分神不知鬼不觉地到达了新洲城郊。郭汝栋的这个混成旅是当天晚上才开进城里的。这时他们刚吃完了饭，正在安顿睡觉的地方，整个队伍乱糟糟毫无秩序。他们大概不会想到红军竟会在这样糟糕的天气里，在这样晚的时候袭击他们，几乎是没有任何防守意识。

红军朝敌人猛烈开火。敌人的宿营地顿时炸开了锅。来不及还手的敌人逃的逃，降的降，一些人试图反击，也被红军猛烈的火力打得人仰马翻。最终，红军战士没费多少力气，就一鼓作气解决了这股敌人，还捉到几千俘虏，缴获了大批枪支弹药及军需物资。打了个漂亮的大胜仗，还缴获了那么多物资，这让叶成焕的心里涌上了一股强烈的满足感。战士们也都高兴得大声欢呼，徐向前等领导同志的脸上也露出了笑容。

冬装问题终于能解决了。在这次战斗中，部队还缴获了许多金银首饰之类的贵重物品，有些战士因为不知道是什么东西，随手拿过来就玩，弄坏了就随便丢掉了。政治指导员王新亭知道这件事后，还专门找人来辨认，在得知这些首饰都是真金白银的之后，他就组织战士们把这些首饰搜集起来送到当铺去卖掉，换来的钱用来买了棉布，并做成暖和的冬装。战士们这回再也不用受冻了，大家高兴极了。

更让大家高兴的是，那些卖掉首饰的钱做完冬装后还没用完，于是王指导员决定把这些钱发给战士们，让他们好好去新洲城里逛上一逛。

这是叶成焕参加革命以来参与打下的第一次胜仗，也是他有生以来第一次品尝胜利的滋味，浑身的疲劳顿时一扫而光。穿着厚实的棉衣，拿着生平拿过的最多的钱，还是个孩子的叶成焕和他的小战友们高兴得又蹦又跳，吵闹着到外边去看热闹。

这下子可真算是开了眼界。叶成焕还是头一次见到像新洲这样大的商业城镇。这里远比新县大，更比他呆过的任何一个地方都繁华。街上大大小小的店铺门挨着门，摆满了好几条长长的街，米粮行、首饰店、绸缎庄、杂货铺，还有百货商店、家具行，等等，各种商品简直是琳琅满目、应有尽有，只有想不到的，没有看不到的，直看得叶成焕和他的战友们眼花缭乱、目不暇接。好多东西都是他们从来没有见过的。叶成焕和他的小战友们拿着领导发的光洋，在杂货铺里买了好多小商品，连帽子里都装得满满的。他的一个战友还买了两个只要按一下开关就可以在黑夜里发出一道耀眼白光的手电筒。这玩意实在是很不错的东西，以至于其中的一个很快就被别的同志给相中并占为己有了。

这些年轻的红军战士们看看这个，瞧瞧那个，一路上有说有笑，生平头一次享受着这样大的喜悦。这是战斗胜利后暂时的平静和繁华带给他们的喜悦，这一群年轻人终于恢复了天真活泼的本色，忘情地沉醉在这难得的喜悦之中，忘记了周围的一切。

可是突然间，叶成焕好像想到了什么，他悠悠地叹了一口气，心里想，我们的祖国如果处处和平，处处都是这样繁华的景象该有多好啊！如果娘也能在这样繁华的城镇生活该有多好啊！现在红一军放弃了家乡的根据地，家人和乡亲们或许又陷入了敌人的魔爪当中，过着水深火热的生活。他一个人跑出来参加革命，或许全家人都会受到牵连，真不知道家人现在都怎么样了。想到这儿，他原本兴高采烈的脸上显得有些失落。

由于一些特殊原因，红一军未能和红十五军会合。军首长考虑到皖西和河北商南一带正遭到敌人进犯，斗争形势将更加严峻，遂作出了放弃向长江沿岸发展的打算，开进到皖西和商南地区，寻找机会歼灭敌人，保卫皖西根据地。

12月4日，红一军离开驻地北上进入商南大埠口地区，与在那里坚持斗争的红三师会合。然后红一军兵分两路，迅速地向皖西金家寨挺进。

一路上，红一军指战员亲眼目睹了敌人犯下的滔天罪行！

他们曾经流血牺牲换来的根据地，半年前还是一片欣欣向荣的景象，此时却满目疮痍，凄凉无限。山谷里，大地上，到处都弥漫着凄凉的悲歌。那些被敌人洗劫的村寨，房屋早已经被烧毁，只留下一根根被熏成黑色的木头柱子矗立着。到处都是断壁残垣。无辜的乡亲被残忍杀害，尸体横列在街头巷尾。曾经宁静美丽的小溪水里，也堆满了尸体，原本清澈见底的溪水被百姓的鲜血染红。

这一幕幕凄惨的场景让每一位红军官兵都痛哭失声。叶成焕朝着家乡的方向默默遥望着，他不知道自己的家人是不是还安然无恙，一种强烈的牵挂和不安朝他的心头袭来，泪水顿时夺眶而出。

战士们悲愤满腹，怒火满腔，为了给当地的乡亲们报仇，他们不顾连日急行军的疲劳，加快步伐行军，下决心要打几个漂亮的胜仗，惩罚那些罪恶滔天的敌人。叶成焕朝着家乡的方向跪下，重重地磕了三个响头后，擦干泪水站起身，跟着大部队的步伐继续前进！

金家寨是一个古老的镇子，它背山靠水，地势非常险要，是一个易守难攻的地方。这里也是鄂豫皖三省的重要交通驿

△ 到达陕北后的红四方面军

站和商品集散地。敌人在占领金家寨之后，就以陈调元第四十六师一个团，连同当地的反动民团数百人，把守着这个重要的据点。

当地群众听说红军要打金家寨了，心情十分激动，他们纷纷从各地赶来支援红军。他们有的送来馒头和鸡蛋，有的送来亲手做的、连自己和家人都舍不得穿的鞋子和袜子，有的争着为红军烧水烧饭，还有的妇女抢着帮战士们补、洗衣服。俗话说："军民鱼水一家人。"乡亲的情谊如一阵阵温暖的春风从红军官兵的心头拂过,这个冬天不再寒冷了。

12月24日凌晨,当敌人还在酣然沉睡之际,红一军的指战员却已经悄悄完成对金家寨的包围,随即发动了猛烈进攻。

敌人虽然有远远优于我军的武器装备,但在暗夜突遭袭击,惊慌失措,再加上指挥失利,军心不齐,很快被我军打败,陈调元第四十六师一个团和当地的反动民团被全歼,惨遭蹂躏的金家寨又重见天日。攻克金家寨后,红军立即召开了公审大会,当场枪毙了罪大恶极的民团头子,为惨遭蹂躏的穷苦百姓解了心头之恨。

在接下来的东西香火岭战斗中,红一军又取得了决定性的胜利。

这之后,红一军终于在长竹园与红十五军胜利会合,并按照中共中央的决定,正式同红十五军合编为红四军。叶成焕继续在红四军某团当通讯员。

1931年3月9日,刚组建不久的红四军取得了双桥镇战役大捷,全歼敌第三十四师,第一次反"围剿"取得决定性胜利。

在接下来的1931年4月和1932年上半年,蒋介石对我鄂豫皖根据地工农红军展开疯狂的第二次和第三次"围剿",红军继续发扬敢打敢拼、连续作战的优良作风,在艰难的处境中同敌周旋，最终取得了胜利。敌人的第二次和第三次"围剿"都以失败告终。

1931年11月7日，鄂豫皖根据地的红四军、红二十五军在鄂东北七里坪改编为中国工农红军第四方面军。

1932年6月，不甘心失败的蒋介石亲自出马，担任鄂豫皖三省"围剿"总司令，出动二十六

△ 行进途中的红四方面军战士

个师和五个旅，共计三十万人，对红四方面军和鄂豫皖边区发动了第四次"围剿"。红四方面军经三个多月的艰苦作战，虽歼敌万余人，但最后还是失利了，被迫撤离鄂豫皖，向川陕边区实行战略转移。

在川陕苏区

(1932-1934)

全国重点文物保护单位

(1932—1935)

红四方面军总指挥部旧址

中华人民共和国国务院
一九八八年一月十三日公布
四川省通江县人民政府立

→ 大巴山战天险

★★★★★

（18 岁）

1932 年 10 月，18 岁的叶成焕光荣地被提升为营政委。这是组织上对他的信任，更是组织上对他的一次更大的考验。叶成焕正了正头顶上的红军帽，擦亮了挎在腰间的宝贝手枪。他在心里默默发誓，一定不能辜负组织对自己的关心和信任。

经过几次战斗的锤炼，叶成焕已经从一个"红小鬼"成长为一个有丰富作战经验的"老兵"。由于他在战斗中不凡的表现和他那个年龄段孩子所少有的雄才大略和机智勇敢，加上平时工作生活中所表现出来的认真和谦逊，再加上出色的号召和组织能

△ 黄麻起义的中心黄安县七里坪。1931年11月7日,中国工农红军第四方面军在这里宣布成立。

力,18 岁的叶成焕已经成功完成了由一个普通士兵到班长,再到排长、指导员、营政委的四级跳。

部队首长和同志们对叶成焕的一致评价是作战勇敢,沉着机智,乐于助人,善于团结同志,而且非常会做政治思想工作。不管是谁,只要经过叶成焕的一番开导,多少心结都可以迎刃而解,再难过的心情都会豁然开朗起来。所以战士们都喜欢找他谈心,和他说心里话。不仅如此,叶成焕还对苏区的百姓嘘寒问暖,尽量帮忙，群众遇到困难同样总是想到找他帮忙，所以他在群众中同样有很高的威信。

1932 年 12 月，根据上级的指示，红四方面军西征入川。叶成焕和营长一起率领全营战士先是翻越了山势险峻、白雪皑皑的秦岭高峰，接着又挺着瑟瑟发抖的身子咬着牙横渡了冰凉刺骨的汉河。渡河时，叶成焕带头第一个迈进了河水。他的腿刚一进去，就感觉到从脚底一直冷到头顶，但他咬紧牙关坚持着。为防止发生事故，他让战士们手拉着手组成一座"人墙"一步一步往前走。河水快速流动着，针刺样刮来，那种滋味真是钻心疼痛。叶成焕咬咬牙，振奋一下精神，大声地边走边鼓动："同志们，坚持住，渡过这条河，我们就可以摆脱前堵后追的敌人，我们盼望已久的转机就会出现了。到时就可以好好休息一下了。大家加油啊！"眼看着河水越来越深，他又深吸一口气，大声说道："同志们，把手拉紧了，千万不能松开手。我们要一个不少地渡过这条可恶的河水。大家振作一下，我们唱个歌吧。"他清清嗓子：

"民国十八春，红军打商城……预备，唱！"战士们紧接着齐声唱："民国十八春，红军打商城，打得民团乱纷纷，喜坏我穷人。二十五清早，红军计划好，手提油条肩担草，就把城破了……"

歌声不仅在一定程度上缓解了战士的寒冷和疲惫，也振奋了大家的精神。水在漫浸到战士的胸脯后，终于越来越浅了，离岸也越来越近了。同志们不停打着冷战，手却握得更紧了。他们似乎在用这种方式来互相传递着信心与力量。最后，这些无畏的勇士们终于到达了胜利的彼岸。可他们一上岸才发现，被迎面刮来的寒风那么一吹，那滋味比浸泡在冰冷的河水里还要难受。战士们有的不停"跳舞"，有的干脆当起"团长"，整个人缩成了一团。不过大家精神都很振奋，没有一个人叫苦！

这之后，战士们在陕南地区的钟家沟稍作休息后，随即开始为征服大巴山天险做准备工作。

陕南地区的人民群众虽然连年遭受天灾人祸，条件很艰苦，但他们却对红军有着深厚的感情。红四方面军刚一到达这里，他们就主动派人和红军取得了联系，还主动为红军提供情报和担任向导，使红军顺利地在这里做好了翻越大巴山的准备工作。

红军很快就要出发翻越大巴山了，乡亲们的眼里流露出恋恋不舍的神情。他们像送自己的亲人出行一样，为红军提供了很多便利条件，每个人都有两双备用草鞋、四斤干粮和四斤稻草。

一位大娘拄着一根拐杖，颤巍巍地走到同志们面前，流着泪说道，那大巴山天寒地冻，气候变化无常，而且山上都是羊肠小道，同志们一定要万分小心才是。

1932年12月19日，红四方面军的同志们挥泪告别了陕南的群众，踏上了征服大巴山的艰难旅程。

老大娘感人肺腑的话语和慈祥和蔼的面庞一直浮现在叶成焕的脑海中，他在心里暗暗发誓，不管遇到什么困难，都要带领全营的同志们，把大巴山天险踩在脚下。

厚厚的积雪封住了大巴山，放眼望去，白茫茫一片看不到尽头，根本就分不清哪里是大娘说的羊肠小道，哪里又是坑洼和岩石。幸亏有先遣部队开路，叶成焕和营长才带着全营的战士踩着先遣部队开辟的路，艰难地朝山上爬去。

一路上，叶成焕不停地鼓舞战士们的士气："我们现在虽然处境艰难，但只要翻过这座大山，眼前就会呈现出一片绿洲。"

上山的路实在太窄了，道路非常难走，但要上山的人却很多，队伍只能拉成长长的一线，爬山的速度非常缓慢。

△ 红四方面军总部旧址

　　风越来越大，天也越来越冷了。呼出的热气立刻变成一团白雾挂在战士们的眉毛、胡茬和头发上。战士们感觉整个身体都被寒冷侵蚀了，僵硬得让他们感觉不到这就是他们自己的身体。有的战士坚持不住要停下来休息，叶成焕就使出全身力气把他拉起来，要知道，在这样天寒地冻的地方，坐下了，就别想再起来了。战士们就这样同恶劣的环境作艰苦的斗争，直到夜幕降临，才爬到了山顶上。

可是，山顶上并没有任何可以抵御寒冷的住处，没有办法，战士们只能找个稍微避风的地方作为宿营地。大家七手八脚找来一些树枝和干草，在宿营地点起了一堆堆篝火。虽然后背还是感觉冷飕飕的，可是比起爬山时的艰难，大家已经很心满意足了。为了取暖，大家就背对着背挤在一起，用不停的聊天来分散注意力。

"营长，为什么这四川的大巴山不像我们的大别山一样每个山头都是尖尖的呢？"

"谁知道，大概是上天的安排吧。"

"其实这大巴山也不是平的，这山头上不也都是沟沟坎坎的吗？"

"我看啊，准是山神爷看见我们来了，赶快都把脖子缩了进去。"

"竟扯淡！山神爷要真那么心善，就不会让爬山的路这么难走，天这么冷了。"

"就是，我们不信什么山神爷，就信马克思。"

……

大家越说越神奇，越说越开心，每个人都感到心里暖暖的。寒冷被遗忘了。夜里，叶成焕并没有睡好觉，他不时起来悄悄走到战士们身边，看看他们，帮他们盖盖衣服，小心翼翼地凑近观察，看每个人是不是在睡梦中均匀地呼吸，这样寒冷的天气在野外过夜，很容易被冻坏，发现得及时或许还有救，如果发现晚了，就会被活活冻死。

就这样，中国工农红军第四方面军的全体官兵们又一次用革命的乐观主义精神战胜了恶劣的自然环境，胜利地翻过了横亘在他们面前的一座大雪山。

→ 创建川陕根据地

★★★★★

（19-20 岁）

当时大家习惯上所称的通南巴，是对川北通江、南江、巴中通称的简称。它位于大巴山山麓，地势险要但物产却十分丰富，四川军阀田颂尧多年来一直盘踞在这里。他以通南巴为根据地，常年同驻四川的各路军阀角逐较量，使这里的百姓深受军阀混战之苦。

"自古未闻粪有税，如今只有屁无捐。"当时，在当地百姓中间盛传着这样的俗语。军阀们为了应付和填补巨额军费的开销，搜刮乡里，横征暴敛，变本加厉地欺压穷苦百姓。他们还强迫百姓在原来种菜种粮的地里种罂粟，并每年以征收"特别税"

为名，征缴大量鸦片烟土。如果哪家不交，就免不了皮肉之苦或牢狱之灾。由于大量田地都种植了罂粟，很多男人因此染上了毒瘾，并从此丧失了劳动能力，农业劳动不得不由妇女瘦弱的肩膀来承担。当地的许多百姓都是有田不能耕，有家不能回，就这样在饥寒交迫中苦苦煎熬着。

对这一切，红四方面军全体官兵看在眼里，痛在心上，他们暗下决心，准备收拾那些作乱的军阀，好为老百姓出一口气。红军的到来同时也让百姓们看到了希望，他们纷纷以行动支援红军，很多人都加入到红军队伍中来了。

红四方面军不断出击，并连战连捷，一次又一次打败了军阀田颂尧的攻击。

在这几次战斗中，叶成焕很好地把以往战争中的经验和在根据地学习的军事理论结合在一起，带领全营的指战员勇敢而机智地歼灭了大量敌人。叶成焕还非常擅长做思想政治工作，不管谁有什么不满情绪，他总能以革命道理说服人，以诚心感动人，让有情绪的同志重新以最饱满的热情投入到革命工作中去。他的机智和勇敢也受到了徐向前的认可和好评，认为他是一个非常让指挥官放心的一线指挥人才。

红四方面军逐步在通南巴地区站稳了脚跟，开始实现预期的战略设想，为创立川陕根据地创造了条件。这时，叶成焕所在的第十一师驻守在得胜山一线，陈再道被任命为三十一团团长，叶成焕则被任命为三十一团的团政治委员。从那时起，两个人开始"搭伙"。他们配合默契，不管是在团里，还是后来在师里，他们都能心往一处想，劲儿往一处使，相互配合并出色完成上级交给的一个又一个艰巨任务。

此时，田颂尧的反攻部署还没有准备就绪。上级决定利用这个有利时间，让部队进行休整。叶成焕又以饱满的热情再一次投入到他所擅长的政治和军事教育工作中去，他积极培养新入伍的战士，认真整顿部队的纪律。火热的学习气氛又一次在部队中轰轰烈烈地蔓延开来。他也谦逊地对待身边每一个同志，凡事以身作则，白天认真教他们学文化技能，夜里点着油灯读书学习，准备第二天的工作，经常忙到很晚，有时甚至通宵都在读书。这样，他不但培养出了一大批人才，也使自己的政治和思想素养不断获得新的提升。他和他的同志们在这个革命大家庭里不断茁壮成长。

1933 年 1 月，蒋介石委任田颂尧为川陕边区"剿匪"督办，田颂尧随即在成都宣布就职，并把嘉陵江以西的部队大部东调，2 月中旬，完成了对红军川陕根据地进行三路围攻的兵力部署。

面对敌人周密的安排和远远多于我军的参战人数，以及先进的战斗武器，红四方面军总指挥徐向前决定采取"紧收阵地，诱敌深入"的作战方针，准备在疲惫和消耗大量敌人之后，再形成一个紧握的拳头，从而在局部上形成优势，达到夺取胜利的最终目的。

敌人虽然在人数、武器装备上远远优于我军，但这些四川兵是有名的"双枪兵"，打仗的时候手里除了步枪外，背篓里还都放着一根烟枪。他们每次在打仗之前，都要先吸足了鸦片，过够了烟瘾，刚一上战场时还真有那么一股冲劲，可是用不了多久，一旦犯了烟瘾，他们立刻又打哈欠又流眼泪，没了精神，非要立刻再吸几口不成。这也正是他们的致命弱点。

看准了这一点，叶成焕指挥他的团，让大家稳住阵脚，首先要坚持住，顶住敌人的那股子冲劲，适当放枪引诱敌人，拖延时间，直到把他们那股子劲儿消耗得差不多了，这时才下令出击。叶成焕不仅仅是优秀政治工作人才，打仗也是一名悍将，天不怕地不怕，他带头冲进敌阵中，在敌人的枪林弹雨中穿梭，子弹飕飕在他身边飞过，他连躲都不躲。

就这样，我军采取消耗敌人体力的方式，不慌不忙同敌人巧妙周旋，出其不意地袭击敌人。在历时四个月的反三路"围剿"战役中，我军连战连捷，最后以歼灭敌人二万四千多，缴获长短枪支八千多条、机枪二百多挺、迫击炮五十多门的成果，胜利结束了这次反三路"围剿"。而田颂尧在这次"围剿"中损失了三分之一的军事实力，蒋介石一怒之下撤了他的职。

这之后，红四方面军进行了一次扩编，叶成焕被任命为十一师政治委员，陈再道被任命为十一师师长，他们二人继续在工作中搭档。

1933年10月，中国工农红军第四方面军在徐向前总指挥的率领下，发动了著名的宣(汉)达(县)战役，直逼盘踞在达城的川陕边防军督办署刘存厚部的老巢。红九军十一师由叶成焕和陈再道带领，从巴中、平昌挥师南下，率先屯兵石桥镇，并解放了邻近九乡八场的劳苦大众。在叶成焕和陈再道的带领下，各级苏维埃政权都迅速建立起来了，实行了土地改革政策，让贫苦农民分到真正属于自己的土地。

叶成焕还经常到百姓家去走访慰问，同老乡们亲切交流，问寒问暖，并帮助他们解决实际生活中遇到的困难，深受老乡们爱戴。

1934年8月，敌人又发动了六路"围剿"，红军部队全部投入到艰苦的反"围剿"作战中。8月下旬，其中最重要的一仗——夜袭青龙观的战斗打响了。擅长打夜仗的叶成焕同陈再道配合默契，带领十一师部队勇往直前，一举攻占了龙池山以西的五龙台，随即又攻占了石窝场。8月下旬，我军终于用

△ 徐向前

十个月的艰难战争，换来了反敌人六路"围剿"的伟大胜利。川陕根据地不但被红红火火地建立了起来，而且在一次次胜利的战斗中不断巩固和壮大起来。

站在一望无际的大地上，叶成焕抬起手来正了正戴在头顶的八角帽，目光深邃、若有所思地抬头眺望远方，一层薄雾后面隐藏着的一排黛色山峦，正隐隐约约地展示着自己挺拔威武的身姿。叶成焕轻轻舒了一口气，他似乎要望穿这层薄雾。他准备着，迎接下一场严峻考验……

漫漫长征路

（1935—1936）

→ 热血男儿真性情

（21岁）

红军不怕远征难，

万水千山只等闲。

五岭逶迤腾细浪，

乌蒙磅礴走泥丸。

金沙水拍云崖暖，

大渡桥横铁索寒。

更喜岷山千里雪，

三军过后尽开颜。

1935 年，又一个万物复苏的春天来到了，然而，在这个美丽的春天里，红四方面军却被迫离开根据地，踏上了漫长而艰难的长征旅程。出发前，已经调任九十三师政委的叶成焕对战士进行了晓之以礼、动之以情的宣传动员工作。战士们高声说道:"牺牲我们都不怕,吃点苦算什么。叶政委到哪里,我们就到哪里,只要跟着叶政委,我们就什

△ 红四方面军长征路线图

么都不怕。"

在叶成焕的带领下，战士们认认真真地整理和收拾了"家当"。因为这是一场持久而艰巨的远征，部队来了个"大搬家"，能拿的东西全部都带上，就连一张纸一支笔也不能丢下。在一切准备就绪以后，叶成焕带着他的队伍出发了。由于要带的东西实在太多，每个战士的身上都背着重重的辎重物品。这给行军带来了很大困难，行军速度非常缓慢。到最后，战士们不得不把很多无力继续带走的贵重物品就地掩埋。

路上，叶成焕总是将自己的马让给战士们驮背包行李，好让他们能够轻松一点。而每到宿营地，叶成焕也不愿休息，他总是跑到炊事班，帮助炊事员洗菜做饭，或者到班里给战士们理发。夜里，叶成焕除了不时照看战士们，还要在微弱的篝火旁认真读书，一直忙到很晚。战士们都说叶政委是他们最亲近的人，也是他们的好榜样。

1935年3月，红四方面军按照命令准备西渡嘉陵江，挺进北川，迎接中央红军，两军会合后共同北上。消息传来，全军上下人人欢欣鼓舞，情绪激昂。靠近党中央和毛主席，是红四方面军指战员们多年来的一个夙愿。

3月28日黄昏，夕阳正把它火红色的光芒抛洒到滔滔的嘉陵江上，江水在顷刻间被镀上了一层灿灿的亮色，金光闪闪,波光耀眼。为了达成与中央红军胜利会师,红四方面军发起了西渡嘉陵江战役。

根据徐向前总指挥的命令,红九十三师应先行偷渡,在嘉陵江西岸建立坚固的滩头阵地,迎接主力过江。九十三师师长陈有寿

△ 红四方面军发起嘉陵江战役。图为嘉陵江渡口塔子山。

和叶成焕接受命令后，对渡江地点进行了反复研究，最后，他们决定把偷渡地点定在了剑阁以北江段，这一地段水流湍急，对岸是石崖山地，并不十分利于进攻。红军的作战意图是利用该段江面狭窄的特点，使用仅有的几条木船出其不意，夜袭偷渡。

夕阳渐渐沉落下去，浩渺的嘉陵江面白茫茫一片。四周静悄悄，初春的微风送来油菜花的阵阵馨香，成群的水鸟一如既往在半空翻飞，它们一会儿钻进水里，一会儿又飞向夜色渐浓的深蓝色天空，时而发出几声略显凄凉的悲鸣。

夜，终于来临。九十三师的战士们隐蔽在山沟里和松林间，望着滚滚奔腾的江水，正等待着渡江的命令。第一次渡江的失败使我军暴露了作战意图，敌人迅即调川军主力加强设防，给红军这次偷渡带来了许多意想不到的困难。

被誉为"夜摸常胜军"的红九十三师二七四团在团长易良品的指挥下开始了行动。该团二营四连作为尖刀连首批登船，仅用几十分钟，四连的七八十名勇士就已顺利登岸。可是，就在此时，部队行动被敌江防部队发觉了，霎时，西岸无数火力点开火，轻重机枪子弹雨一般撒向江心的红军返航木船，船工纷纷中弹，渡船无一幸存。红军九十三师集中全部火力在东岸掩护，四连的登岸部队也奋勇攻击。但敌工事既坚固

△ 强渡嘉陵江战役纪念碑

又居高临下，四连勇士无法抢占有利地形，只能在低洼处背水还击，完全被敌火力压制。我东岸兵力虽多，可苦于没有渡船无法增援；火力虽猛，可夜间向对岸山地射击根本谈不上准确性，真是鞭长莫及。几小时后，西岸的枪声渐渐稀疏下来，东岸的红九十三师官兵也停止了射击，战场死一般寂静。

拂晓，西岸又传来了一阵嘈杂声，远远望去，满山都是持枪的白军。易良品团长一声令下："机枪准备！"所有东岸红军机枪都推弹入膛，等待他挥手下令。正在这时，大家听到了叶成焕撕心裂肺的一声大喊："等等，不要开枪！"易团长将眼睛紧贴望远镜，高举的手缓缓垂下。原来在西岸的山崖上，白军正押着四五十名四连的被俘战士。在这倒春寒的季节里，敌人剥光了战士们的衣服，五花大绑，喝令他们跪下。可被俘的战士无一下跪。敌人用大刀背、枪托猛砸勇士们的腿，许多人倒下了又站起来，没有一个人屈服。恼羞成怒的敌人大开杀戒，用大刀、刺刀向勇士们疯狂地捅、刺、砍、杀，鲜血溅满了山崖。红九十三师官兵愤怒了，很多战士没等命令就开了枪，一向沉着冷静的叶成焕看到这个情景也失去了理智。他泪水满面，破口大骂："狗日的，杀我的人。我要抓住你们，一定要让你们碎尸万段。"陈有寿师长也登高大呼："同志们，记住这血海深仇，我们一定要打过江去，抓住这股敌人决不轻饶。记住，红九十三师决不放过这股敌人，一定要报仇！"

偷渡失利，徐向前总指挥把目光转移到江面宽阔但对岸地形平缓、敌设防不严的苍溪、阆中江段。3月28日，红四方面军兵分三路，在苍溪、阆中百里江面上发起了强渡作战。在强大火力掩护下，控制了巩固的登陆场，架设了浮桥，主力顺利过江。过江的红军主力势如破竹，横扫江防敌军，担任纵深穿插任务的红九十三师突进至剑阁火烧寺，一举击溃国民党军刘汉雄部一个旅，光俘虏就抓了一个多团。战后，经审讯俘虏

△ 红四方面军训词

证实，他们参加过屠杀红军俘虏，在为死难烈士报仇的愤激情绪支配下，叶成焕和师长陈有寿、团长易良品共同做出了处决俘虏的错误决定，严重破坏了党和红军的俘虏政策。红四方面军总指挥徐向前得知此事后，极为震惊和愤怒，严厉斥责了叶成焕等人，不久红四方面军总部决定，撤销叶成焕、陈有寿的职务，调到红军大学学习。

→ 勇闯剑门关

★★★★★

（21岁）

剑门关在嘉陵江以西，位于剑阁和昭化之间的剑门山上，扼控川陕通道的要塞。这里的地形是北险南平，由陕南到川北一段是"危乎高哉! 蜀道之难难于上青天!"从汉阳铺到剑门关，自南向北，则是起伏的丘陵地，相对比较平缓。

根据徐向前总指挥的作战方案，在横渡嘉陵江后，三十一军的任务是消灭剑门关守敌，而后向昭化、广元发展。军长王树声经过观察，制定了三路攻关的计划：三十一军九十一师的一个团为第一路，快速截断关口东面的广元、昭化等地援敌，经黑山观、凤垭子强夺李家嘴，形成扇形佯攻阵势，以牵制敌人火力；三十军八十八师为第二路，由南面直插剑门，策应三十一军攻关；叶成焕率三十一军九十三师和骑兵一部为第三路，从五里坡直冲关槽，攻击关口主峰。

战斗发起前，叶成焕来到战士们中间，进行战斗动员，他动情地对战士们说："兄弟们，我们过去不是一直盼望打蒋介石王牌吗? 现在他们终于来了，你们敢不敢打，能不能狠狠地打，明天就要到战场上见功夫了!"

战斗中，叶成焕一如既往冲在队伍最前面，他高声喊道："同志们，拿出劲头儿来，与敌人拼大刀! 将敌人杀回去! 冲啊!"他挥舞大刀，带头冲进敌我战阵之中……

红军部队弹药紧缺，尤其是迫击炮弹少之又少，叶成焕一再叮嘱各连炮手，开炮时要慎之又慎。可是，大多数炮手都不懂技术，有的连药包都不会加，信管都不会装。第二营在进行第一次攻击时，炮手打得不准，未能提供有效的掩护。陈友寿将连长叫到指挥所，强调必须把炮弹打到敌人的集团工事里。连长回去后，接连打出六七发炮弹，不是偏左，就是偏右。陈友寿摇头叹气，素来和蔼的叶成焕终于忍不住发了火："派个人去给我问问那个连长，他们打的是什么鸟炮！还能打准不？"

时间不等人，陈友寿命令号兵吹响了冲锋号。年仅十七八岁的二营鲍教导员冲在最前面，胸部连中数弹牺牲。陈康跟上去，连长、排长依次前进。

二营接近山顶，敌军用机枪、步枪、手榴弹织成火网，压得二营抬不起头。

叶成焕急命通信员："再去告诉炮手，限他五发炮弹打中目标！打不中我拿他是问！"

通信员还没跑出几步，三发炮弹便在敌工事中爆炸，接着又命中数发。

二营乘势冲上山顶，敌军溃退。

叶成焕不顾自己多处负伤，坚持向主峰走去，途中只见两名担架队员抬下一名烈士的遗体，他立刻上前关切地问："这是谁？"

"四连的一排长。"担架员回答说，"他牺牲后，手里还握着一把砍断了的大刀，他的身边，倒着四五个敌人！"

叶成焕走近烈士的遗体，伸出黑乎乎的手去摸了摸烈士的手，他强忍住在眼圈里打着转的眼泪，沉痛地说："抬下去吧！"

他继续向上走去，在主峰工事外边，又看到了另一名烈士，这名烈士的双手紧握上了刺刀的步枪，插在一个敌兵肚子上。

他弯下腰，从烈士身上摘下一颗手榴弹，看了看，装进了自己的口袋，毅然下令："不给敌人任何喘息的机会，追！"

敌主将杨倬云已领教了红军的厉害，预感到了不妙的命运，他命令守关人员：凡见溃兵立即处决！所以，当他的溃兵逃到关门时，守关人员立即开枪射击，逼迫溃兵回头抵抗。溃兵无路可逃，被压在一个不到300米长的槽沟里。二营官兵投下几百颗手榴弹，炸得敌人血肉横飞。

杨倬云急红了眼，叫人用十匹骡子驮来四万银元，用来悬赏。他手下的营长廖玉章喜滋滋给士兵分发银洋，但还没分发几人，就有一发子弹飞来，正击在他腰部，两个士兵夹扶着他走出几步，便倒地身亡。其余领赏的士兵慌忙作鸟兽散。

红军趁机加强了攻势。

红军军旗很快插到了门楼上！

此际，红八十八师二六三团三营七连夺取敌阵地后，连长派干部罗光泽带一个班追击逃敌。教导员随该班行动，在抓获十余名逃敌后，教导员命两名战士把俘虏押送回去，其余人继续向敌后穿插。他们如神兵天降，出现在剑门关旁边，将守关的十余名敌兵缴械。

杨倬云见大势已去，骑马逃向关口。他带着几名心腹慌不择路逃往营盘嘴，红军紧追不放，谁料营盘嘴前面横亘着数十丈深的悬崖峭壁，杨倬云勒马不及，坠崖身亡。

红军战至下午 16 时，全歼守敌三个团约三千余人。

仅存三十余人的红二营五连在剑门场集合，接受了师首长的检阅。叶成焕握住连长的手，深切地问："你们伤亡多少同志？"

"五十多名。"连长回答后，马上补充说："但是敌人死在我们手下的，不下三百。"

叶成焕这时把那颗手榴弹交给连长，意味深长地说道：

"这是你们连一个同志的武器，交给你们，愿你们能用它替倒下的同志报仇！"

红四方面军控制了北起广元、南至南部约四百余里的嘉陵江西岸地区。敌二十九军江防部队逃往射洪、盐亭、三台地区集结，田颂尧被蒋介石罢官，军长一职由副军长孙震接任。

刘湘、邓锡侯、孙震等四川军阀一致判定：红军可能放弃通、南、巴，北出汉（中）沔（县），沿川陕公路南下川西平原。因此，对红军向涪江上游挺进，并不是很重视，只认为是红军"转山"行动。刘湘命邓锡侯、孙震两部守备嘉陵江的支流——涪江。

邓锡侯则认为绵阳以上涪江的江岸很长，只能扼要守备，以江油、中坝地当要冲，抽调二十八军一师一旅以江油为据点，四师十一旅、一师二旅以中坝为据点，沿涪江西岸构筑工事守备。二十八军主力则退缩至广元及其以北地区。

红四方面军决定集中主力歼灭梓潼、江

油地区的邓锡侯部，并伺机向川甘边发展攻势。4月8日，总部下达命令：三十一军主力推进至羊模坝、三磊坝地区并围困广元，三十军八十九师出青川、平武分割广元、江油敌军并阻击胡宗南部南下，以保障右侧安全，

△ 红军攻克剑门关纪念碑

九、三十、四军主力则分别从江油、梓潼地区实施进攻。

4月10日，李先念率红八十九师进占青川。随后，他命副师长杨秀坤率二六四团三营为先锋，抢占青川以北的摩天岭。摩天岭是甘南进入四川的天然屏障，山势险峻，历史上称之为阴平古道。遥想当年，邓艾就是从这里入川的。

三营接近摩天岭，一道数十丈高的悬崖挡住了前路，中间只有一条古栈道可以通行，敌军的一个连扼守突兀处的栈道口。拂晓前，杨秀坤带队攀岩而上，守敌落荒而逃。三营紧追，追出九十余里，黄昏后追到一座大山顶上，三营的一个排和残敌跑得收不住脚，全部坠落悬崖。

三营征服了摩天岭。4月14日，红八十九师进占平武。

与此同时，其他红军也展开了全面攻势。4月9日拂晓，王宏坤率红四军十师包围梓潼城。守敌的电话线正好穿过王宏坤的处所，王宏坤用话机搭上，听到绵阳和梓潼及城外西南山头守敌正在通话。绵阳方向说，援兵就要到了。

当日中午，援敌不可避免地进入红军的伏击圈，两个营被歼。守军团长继续打电话向绵阳求救："我们守不住了！"

王宏坤对着话筒发令："你们跑不了，只有缴枪投降了！"

红十师全歼守敌。

江油城位于涪江西岸，敌军守住渡口，控制了江面上所有的船。红九军二十五师七十三团担任渡江先遣任务，几位团级干部决定选拔一个排的战士，泅水过江，夺敌人的船。

夜里，一排人跳入涪江，一手分着浪，一手拉住竹编的绳索，奋力游向对岸。一连人在岸上用力拉住绳索，注视着浪涛中的战友，慢慢地放绳。

最前面的战士刚游到江心，巨浪汹涌而来，绳索顺流倾斜，一排人也随之向下游倾斜。岸上的人赶紧往回拉绳，绳索被冲断，一排人被波涛卷走。

次日，团参谋长看到农民用来打稻的大木桶，便借来一些，五个连在一起，又做了几把桨。当晚，两个班的战士乘坐稻桶"船"再次渡江。由于"船"底平头，下水后直打转，还没划到江心，一个漩涡把"船"头猛然折向南面，两只"船"被卷进两个大漩涡的中心，陀螺般旋转。

岸上的人吓得手足无措，瞬间，连接稻桶的绳子被扭断，两只"船"倾覆，两个班的战士又被冲走。

两次渡江失败，方面军总部一面命七十三团再设法渡江，一面做绕过涪江、长途行军的准备。七十三团副团长再到江边想办法，他看到饲养员朱子明在饮马，便提醒他："小朱，江水这么急，注意不要让水把马冲走了。"

"怕什么！冲走了，我下去把它捞上来。"这个十六七岁

△ 红军攻克剑门关纪念馆

的小战士很轻松地说。

副团长听了这话，有些生气，问道："你没有看到这两天渡江的情况？"

"嘿嘿！这个江算什么，我一下就凫过去了！"

副团长陡然想起朱子明家住嘉陵江边，

是在船上长大的。于是，用试探的口吻说："你真能过江，我给你一个任务，你到那边去偷一条船过来行吗？"

"总要两三个人。"朱子明考虑一下说，"这样大的江水，凫累了大家可以帮帮忙。"

朱子明向副团长推荐两名战士，一个曾是嘉陵江的船夫，一个曾在长江上开过船。黄昏时，三人脱得赤条条，把枪拴在腰间，游向对岸。很快，消失在灰蒙蒙的江水中。

副团长命三营做好渡江战斗准备。等了一夜，不见三人的踪影。

次日晚9时，已过去近三十个小时，副团长开始考虑其他的办法。忽然，三营打来电话，说三人回来了，并带回三条船。

原来，三位"浪里白条"穿越一个又一个漩涡，登上对岸。敌军把船都拴在上游一个陡悬崖下，从岸上无法接近。三人逆水游到崖下，这时，天快亮了。三人隐蔽在一个岩石缝里，饿了，就挖岩石上的青苔充饥。天黑后，三人各上一只船，轻轻地划回来。

10日，红九军渡过涪江，击溃敌一旅一团，攻占江油城外观雾山、公子坪、陈塘观、塔子山等高地，敌一旅旅长杨晒轩率旅部、手枪连及九个步兵连被困在城中。

邓锡侯致电杨晒轩，问能守多久。

杨晒轩回答最多只能守十天，要求救援。

红三十军主力击溃敌二、十一旅，占领中坝、彰明等地。

红四方面军逼近邓锡侯的老营——绵阳、天府之国的首府——成都，成都的大官僚、大地主、大资本家纷纷变卖家产，准备外逃。

邓锡侯是川军的"能战"高手，亲率十个团在飞机掩护下经中坝救援江油。

红四方面军总部以九军二十七师继续围困江油，九军二十五师、三十军八十八师及四军十、十二师各一部，撤离中坝、彰明、梓潼等地，分别占领江油以南的塔子山、鲁家梁子一带有利地形，抢修工事，准备打援。

鲁家梁子、塔子山将江油、中坝隔断，山东侧有涪江，西侧有八家河流过。四军军长许世友带领几名师长到鲁家梁子勘察地形，政委王建安组织部队向鲁家梁子机动。

17日6时许，邓锡侯部全线进攻，旅、团长命令督战队：凡是往前冲的赏大洋十元，往后退的一律当场枪毙。

红八十八师一上午就打退敌军的六七次进攻，水沟边、坡坎上、草丛中、大路旁，到处都是敌兵的尸体。

敌军一部突入红四军左翼阵地，那里是与红八十八师的结合部。许世友、王建安决定投入预备队——二十八团。王建安赶到二十八团，对团长王近山说："全军成败，看此一举，你胜我安，你败我危，红四军的安危系于二十八团了。"

王近山回答："请政委放心，夺不回阵地，我不活着回来见你！"说罢，率队杀出，夺回阵地。

战至17时，双方形成对峙。邓锡侯部官兵"未进一餐，饥疲交集，士气早馁"。塔子山主阵地上的红八十八师乘机从正面猛攻，红二十五师从敌右侧包抄，红四军也从鲁家梁子阵地发起反击。邓锡侯部溃逃至中坝，败兵争着进城，一时埋怨、鼓噪，甚至鸣枪，乱作一团。

18、19日，方面军再克中坝、彰明、梓潼，歼敌四个团，俘敌三千余人。21日，红四军一部进占北川。至此，强渡嘉陵江战役结束。此战，方面军歼敌十二个团，约一万余人，控制东起嘉陵江、西迄北川、南起梓潼、北抵川甘边界纵横二三百里的广大地区。

→ 红军大学里的"叶政委"

★★★★★

（21 岁）

虽然叶成焕因为犯了错误被免掉一切职务，但是红军大学的学员们还是亲切地叫他叶政委。在战士们心目中，叶成焕是因为为弟兄们报仇才做了错事，他是个英雄。战士们都说，如果换了他们，也会这么做的。而每每这个时候，叶成焕都会深深叹气，眼里含着泪动情地说："我当时只想着报仇，却没想到报仇的对象应是反动头子，而不是当兵的穷人，死在我们刀下的，大多是穷苦子弟的冤魂啊。我们红军的政策向来是要优待俘虏缴枪不杀的，可这次，我却做了这样的错事，真是惭愧，组织上这样处分我是应该的，要我看，应该处罚得更重一些。"

红军大学全称"中国工农红军大学"，简称红军大学、红大，是第二次国内革命战争时期，苏维埃政府培养军事干部的学校。前身是1931年前建立的红军学校。1933年11月7日改为红军大学，校址在江西瑞金大窝的森林中。培养营团级以上的干部，分设高级指挥、上级政治、上级指挥、上级参谋四科。附设教导队、高射队、测绘队。专职教职员十六名，许多中央领导干部在此兼课。学员选自红军部队中久经锻炼的干部，第一期六百余人。以"理论与实际并重，前方与后方结合"为教学原则。学习内容有党的建设、社会发展史、红军政治工作、步兵战斗条令、野战条令、基本战术等。重视作战经验和举行军事演习，并派遣学员赴前线指挥战斗，或参加地方扩军、选举、生产节约、武装保卫春耕秋收等活动。1934年10月随红军长征，改名"干部团"。

红军大学从开办到长征，尚不足一年时间，但它为红军输送了大批军政指挥人员，如彭雪枫、宋任穷、程子华、韦国清、邓华、周子昆等。红大学员中许多人在创建新中国的战争年代成为无产阶级革命家或统率千军万马的高级将领。新中国成立后，在社会主义革命和社会主义建设中，他们中

△ 红军大学瑞金旧址

　　的许多人又成为党、国家和军队的领导人。这座革命的大熔炉，在中国革命史上留下了极为重要的光辉一页。

　　红军大学的学习是很紧张的，每天除了学习军事理论，还要学习马列主义著作。更主要的是，红军大学里的条件非常艰苦，没有固定的教学地点，只能走到哪里就在哪里就地学习。那时筹集到的粮食，要留出一部分储备，还要供给前线士兵，所以学员的伙食都是定量供应的，每人每顿只给一个饼子和一碗野菜汤。饭量大的同志是根本吃不饱的，经常挨饿。

　　叶成焕也同样感到饥饿，但即使这样，他每次吃饭时还是会省下半块饼子送给饭量大的同志。课余时间里，叶成焕还经常主动帮助学习跟不上的同志们补习功课，晚上，他经常组织大家唱革命歌曲。他还经常给同志们讲他小时候读过的那些名著，特别是《三国演义》，他总是把里边的故事情节特别是打仗的情节说得活灵活现，同志们听得都入迷了。几个月后，叶成焕顺利完成了红军大学的学习任务，政治和军事水平都有很大提高，再次被任命为九师的政治委员。重新开始工作的叶成焕比以前更加严格要求自己和他的战士们了。但是他也是位慈祥的领导，他总是在休息时教战士们唱歌和认字，或者替战士们理发。行军时，他总是把自己的马让给伤病员骑。战士们对这位和蔼可亲的政委充满了无限真挚的感情。

⊙ 穿越死亡草地

★★★★★

（21岁）

诺尔盖草原，纯净而神秘的象征，是让人们神往的地方。它位于青藏高原东部边缘地带，地处阿坝藏族羌族自治州北部。这里东部群山连绵，峰密叠翠，林涛澜荡，西部草原广袤无垠，水草丰茂，牛羊成群，素有"川西北高原的绿洲"之称，在这里，独特旖旎的自然风光同古朴多彩的民族风情交相辉映。漫步诺尔盖，枕黄河涛声，观日落牧归，共水天一色，卧花湖栈道，看鸥翔鹤舞，任云卷云舒，跨骏马飞身天际，入峡谷探白江源，品奶酪饼，喝酥油茶，吃烤全羊，煮黄河鱼，舞迷人锅庄，如品诗赏画，其乐融融，妙趣无穷。

一切听起来都如此美好，让人心驰神往，引人无限遐想。可这些都是现在，在红军长征的时候，这里却是传说中死神统治的地方。当时的诺尔盖草原到处都弥漫着神秘而恐怖的色彩，没有人知道它到底有多远有多深，更没有人有勇气走过这片死神统治的地方。

然而，中国工农红军却凭着常人无法企及的勇敢和毅力，通过并战胜了它。死神统治的地方从此留下了人类为理想与信念而不屈不挠勇敢跋涉的坚定足印。这不能不说是一个奇迹。但这让我们看到更多的，是信念与信仰的那超越一切的伟大力量。

茫茫的草地，如同苍茫的大海一样，连着天，连着地，没有人烟，没有道路，苍茫无垠，浩渺无际，一切都笼罩在阴冷潮湿的迷雾之中。叶成焕带领着他的战士们按照先头部队留下的脚印艰难地跋涉着。水草深到已经没过膝盖，草丛下面就是交错丛生的河沟，里面长满了烂泥和腐水，根本找不到可以踏上脚的地方。大家只能艰难地从一个草墩跳到另一个草墩上行走。那些草墩都是草根结成的，又软又滑，而且还带有一些弹性，脚一踏上去四周就会不停颤动，稍微不小心就会掉进泥潭里去。走在队伍最前边的叶成焕一边小心谨慎地踏稳每一步，一边还要不断提醒后边的战士一定要小心。

△ 诺尔盖草原

事故说来就来，当叶成焕正聚精会神地往前走时，突然就听见后边传来"啊"的一声。他赶忙站稳身子回头看。只见一个战士掉进了深不可测的泥塘之中，在那里拼命挣扎着。叶成焕急忙顺着原来的脚印返回几步，靠近了那个战士，然后把手里的树棍伸向了他。嘴里不停地喊："张大头，别着急，抓住它，抓住它！"那个叫张大头的战士用力伸长胳膊去抓那根救命的棍子。

可是，张大头这么一挣扎，人陷得却更深了。叶成焕眼看着他一点一点不断下沉，尽管他拼命想抓住那根树棍。最后，他终于连头都陷了进去，只留下拼命挣扎的两只手，再后来，连手也看不见了……

"大头，大头……"叶成焕撕心裂肺，脸上的泪水不停往下流。

一个鲜活的生命就这样在瞬间结束了。叶成焕恨自己没有办法在大头伸出祈盼的双手时把他拉上来。他甚至不能原谅自己的这种无能为力。"都怨我，都怨我。"他嘴里不停念叨着。"政委，这不能怪你的，你不要这样自责了。"同志们都围了过来，流着泪安慰他。叶成焕还是一边流泪一边念叨着。他又带领大家摘下缀着一颗五角星的八角帽，朝着张大头陷进去的地方深深鞠躬。之后，他们擦干眼泪，继续前行。

草地的天气变化无常，刚才还阳光灿烂，突然间就狂风大作起来，紧接着，瓢泼大雨从天而降。战士们穿着单薄的衣裳，个个浑身是泥水，蹦跳着艰难而缓慢地前行着，此时的他们已经极度疲劳，寒冷与饥饿和危险正如影相随，开始不断出现倒下去的红军战士。很快，暴雨又变成了坚硬的冰雹朝战士们的身上砸去。受了伤和体质弱的士兵已经支撑不起他们的身体，有气无力地往前艰难地行走着。

……

"政委，我们已经没多少吃的了，这样下去，恐怕很难走出草地了。"一个满身是泥的小战士对叶成焕说。望着小战士焦急的表情，叶成焕伸出手擦了擦小战士脸上的泥水："别着急，这样吧，先告诉大家把所有剩下的粮食都集合起来，一起来吃，这样会节省一些。"不过，叶成焕自己也知道，那点粮食不管怎么吃，也是维持不了多久的。于是他亲自带领大家吃皮带、吃马鞍。

再之后，连这些东西也吃完了，叶成焕只好给大家出"歪点子"："同志们，只要能吃的东西，都要抓来吃，不好吃，也得吃。要革命就得吃嘛，可不能饿死人啊！"他自己身体力行，和大家一起干。他从小在河边长大，哪些河汊、水潭有鱼没鱼，他望一眼就能看出个七八成；哪种鱼吃什么食，走哪层水，吐什么泡，也都了如指掌。叶成焕经常带着警卫员去钓鱼，他们每次出去，差不多都能钓住几条、十几条，在他和警卫员的马脖子上，经常挂着一串串活鱼。

叶成焕每次钓鱼回来，都先把鱼拿给那些体质虚弱的伤病员吃，等他们吃过了，他再把剩下的拿到战士们中间。他从来不自己一个人吃，而是同大家一起"共产"。

吃过"晚饭"后，天逐渐黑了下来，篝火熊熊地燃烧着，因为找不到可以宿营的干地，同志们只好背靠背坐在水草地上，用相互间的体温抵挡着潮湿和寒风。闪动的火舌映红了同志们一张张清瘦的脸。长途跋涉的干部和战士都疲劳了，这种艰辛让很多人情不自禁地思念起自己的家乡和亲人来。洪湖的同志说，一到秋天，我们那里到处都是鱼虾莲藕，野鸭成群，什么地方也比不上我们洪湖啊。湘西的同志争辩说，湘鄂边山高林密，虽然没有大江大湖，可我们出产的娃娃鱼味香肉细，好吃极啦，远近闻名哩！滇西的同志插话道，要说好，还得数我们云南，气候不冷不热，一年到头都是种庄稼的好季节……

叶成焕听了这些话后动情地说："同志们，我们大家的家乡都很美好，可是这些好地方今天还在国民党反动派的手里，我们的亲人还在黑暗中痛苦地挣扎着。你们想过没有，我们怎样才能解放自己的家乡，解救自己的亲人呢？"

"那就要北上，会合党中央。"一个童音未改的小通信员高声答道。

△ 红军穿越过的草地

"对！首先要走出这片水草地，到达甘南，去创建西北革命根据地。然后才能逐渐发展到全国，就像我们过去从湘鄂边发展到洪湖，从黔东发展到湘鄂川黔边一样。"

叶成焕边说边站起身来，环顾周围的每一位同志。见大家都表情坚毅，他清了清嗓子，语调激昂地说："同志们，我们要咬紧牙关，走出草地去! 这是党交给我们的头等重要任务。我们四方面军从来是有名的'飞毛腿',一向不怕吃苦,不怕走路,我们从明天起,看谁最能坚持,看谁最能互助,大家说中不中?"

听政委这么一讲,大家都振作起来了,异口同声学着叶成焕的河南口音答道:"中!"叶成焕哈哈大笑:"比赢了的,我钓比今天更多更大的鱼慰劳你们。""好!"洪亮的回答声和着热烈的掌声响彻了北风呼啸的空旷草地。那天晚上,大家不仅吃到了鲜美的鱼汤,填饱了肚子,思想上还受到了教育。第二天上路时更有劲儿了。

这次的草地之行是如此艰难,可大家却没有一句怨言,不断克服着自己所面临的重重困难,时刻跟随着队伍前进的步伐。有的同志伤了或者病了,大家就搀扶着他前行,有的同志倒下了,大家就把他的尸体掩埋起来,并举行简单的仪式,然后继续前进。叶成焕带领着他的队伍,在团结战斗、吃苦耐劳、不胜不休的光荣传统的指引下,始终保持着革命英雄主义和革命乐观主义的精神,克服种种难以想象的困难,胜利结束了三次穿越死亡草地举世瞩目的壮举。

⊙→ 正义使者

★★★★★

（21 岁）

1935 年 8 月，红一方面军师长李聚奎带领红一师进驻毛儿盖，与红四方面军会合。会合后，中央决定从红一方面军中调些有指挥和参谋工作经验的干部到红四方面军去。李聚奎进入抽调大名单。

两天之后，李聚奎离开彼此熟悉的红一方面军的老领导和战士，随军团政委聂荣臻来到了总部。周恩来副主席向李聚奎交代要顾全大局，特别叮嘱要搞好双方的团结。就这样，当天下午李聚奎就到了红四方面军总指挥部报到，在三十一军任参谋长，当天，他就认识了总指挥徐向前、政委陈昌浩及三十一军军长余天云等人。

不久，两个方面军分成左、右两路军北上，但张国焘到噶曲河后，竟以河水暴涨为由，反对红军北上，强令红四方面军掉头南下，想另立"中央"。其拥护支持者则千方百计排挤从红一方面军调入的干部。

李聚奎根据周恩来等中央领导的指示，耐心细致地开展拥护党中央的工作，支持部队同红一方面军一起继续北上，但军长余天云却一直对李聚奎的到任耿耿于怀，不屑一顾。后来，干脆不把他这个参谋长放在眼里，随意支使，对李聚奎的话完全听不进去，工作上百般刁难。

一次，两人在一个问题上又出现了相左的意见和看法，争得面红耳赤，谁也不能说服谁。余天云火了，拂袖而去。随即，他找到原来的一个老部下商议，说要借擦枪走火把李聚奎干掉。部下意识到问题的严重性，便找到他最信赖的叶成焕政委汇报了此事。

叶成焕得知此事后立即找到余天云，向他严正指出："你这是要犯罪，决不能这样干！"余天云看了看叶成焕："叶政委，咱们都是老搭档了，他一个新来的，你怎么倒向着他说话。你还是不要管这件事了，就当没听见算了。"叶成焕严肃地说："你要这么做就是在犯罪！你虽然是军长，但是只要有我在，就绝对不允许你做出这样的事情！"余天云不服气地看了一眼叶成焕，只见叶成焕眉头紧锁，目光犀利。心虚的余天云顿时躲开叶成焕的目光，他见形势不妙，明白把事情闹大了也不好收拾，才打消这个念头。叶成焕随后把这件事压了下来，告诉知道这件事的人一定要保守秘密，否则军法论处。

9月中旬，红四方面军编成左、中、右三路纵队与红一方面军背道而驰。10月间，中纵

△ 陈再道(左)、宋任穷(中)与李聚奎(右)

司令员王树声找李聚奎谈话："中纵司令部与三十一军司令部合并，余天云调红军大学学习，由我兼军长，王维舟任参谋长，你当副参谋长。"李聚奎听了表示同意。余天云走后，叶成焕才把余天云想枪杀李聚奎的企图讲出来。李聚奎听后拉着叶成焕的手说："叶政委，真的很感谢你当时的及时阻止，不然我恐怕早就没命了。再来也要感谢你，把这件事压到余军长离开以后才对我说出来，我想如果你当时就同我讲了，我在一气之下真说不准也会做出什么犯罪行为，给部队给自己都带来麻烦呢。叶政委，你真是一个沉得住气的大人物，将来一定能成就一番大业。"

奔赴抗战最前线

(1936—1938)

→ 民族利益大于天

★★★★★

（23岁）

1936年8月23日，军长王树声、政委詹才芳率领的红四方面军第三十一军从漳县新寺镇到达武山境内，总部驻鸳鸯镇颉家门村。九十三师（师长柴洪儒、政委叶成焕）经武山县的包家柯寨、苗庄、杨坪、王家门、付家门、丁家门、盘古、颉家门、鸳鸯镇，渡渭河继续北进。

8月24日，叶成焕同师长柴洪儒一起率领的九十一师师部驻山丹镇，部队分驻山丹、贺店、车川、魏沟、任门等村庄，宣传"停止内战，一致抗日"的《八一宣言》，宣传募捐抗日救国公粮，支援红军。建立党组织，创建根据地，解决红军吃穿用的问题。该部在武山活动长达四十多天，并吸收武山县山丹乡马鸿九等人加入了中国共产党。

红军的队伍不断得到扩充，中国共产党已经为抗日战争的全面爆发做好一切准备。战士们个个摩拳擦掌，发誓要把侵略祖国的日本帝国主义者赶回老家去。

1937年7月7日夜，日军在北平西南卢沟桥附近演习时，借口一名士兵"失踪"，要求进入宛平县城搜查，遭到中国守军第二十九军严辞拒绝。日军遂向中国守军开枪射击，又炮轰宛平城。第二十九军奋起抗战。这就是震惊中外的七七事变，又称卢沟桥事变。七七事变是日本帝国主义全面侵华战争的开始，也是中华民族进行全面抗战的起点。

在这之后，侵华日军开始向华北大举进攻。为了挽救中华民族于危亡之中，中国共产党曾多次提出建立抗日统一战线的主张。叶成焕所在的中国工农红军第四军和第三十一军等兄弟部队，在援西军司令刘伯承的带领下，离开甘肃地区，进至山西的三原进行重新整编，这就是著名的"三原改编"。

但是国民党却始终坚持卖国、内战、反共反人民的反动政策，致使红军和全国一切主张共同抗日的广大人民一样，请缨无路，报国无门。日本帝国主义猖狂的枪炮声又四处响起，妄图亡我中华，灭我种族。悲愤！悲愤！叶成焕通红的眼睛里迸射出愤怒的烈火，他决不能允许任何侵略者那无耻的铁蹄在秀美的中华大地随意践踏。红军指战员恨不得能立即开赴抗日最前线，杀敌救国。

全国人民都怀着悲愤的情绪要求加入抗日统一战线，要求抗战的声音此起彼伏，规模空前的全国救亡怒潮被掀起。最后，国民党政府在全国人民的逼迫下，不得不放弃其反动政策，同意共产党提出的建立抗日民族统一战线的主张。随后，国共两党经过多次谈判达成了协议，并根据协议将陕甘宁边区的红军改编为国民革命军第八路军（后称第十八集团军）。朱德为总指挥，彭德怀为副总指挥（后为正副总司令），叶剑英为参谋长，左权为副参谋长，任弼时为政治部主任，邓小平为副主任。著名的八路军从此诞生。

叶成焕被任命为一二九师三八六旅七七二团团长，王近山被任命为副团长，他们一起共同主持七七二团的工作。

就要举行换帽仪式了。一二九师红军头顶的八角军帽就要换成国民党的青天白日帽子。从红军改编为国民党军队序列，叶成焕他们感情上总觉得别扭。他禁不住常从怀里把那顶破旧的八角帽摸出来，一遍又一遍深情地抚摸着……那些被国民

△ 红军改编为八路军后举行抗日誓师大会

党洗劫的村寨、烧毁的房屋，那一根根被熏成黑色矗立着的木头柱子，那些被残忍杀害的、横列在街头巷尾的无辜乡亲的尸体，那些被先奸后杀的半裸着的年轻妇女，还有那些被百姓鲜血染得鲜红的溪水，此时一一浮现在叶成焕的眼前。他抚摸军帽的手越抓越紧，紧锁着的眉头下一双眼睛里迸射出怒火，也布满了泪水。

△ 一二九师领导人在山西辽县(今左权县)桐峪镇合影。左起：李达、邓小平、刘伯承、蔡树藩。

他一时无法接受要同这些曾经势不两立的敌人带一样的帽徽，并同他们像战友一样和睦相处的事实。

但叶成焕是一位党性观念很强的人，常年坚持不懈的学习，也让他的政治觉悟不断得到提升。他很快理解了国共合作抗日的伟大意义，从而不但转变了自己的思想，还主动为其他有情绪的红军战士做思想工作："同志们，换帽子换不了什么，那只不过是个形式，我们人民军队的本质不会变，红军的优良传统不会变，我们解放全中国的意志也不会动摇！这顶军帽上的帽徽是白的，可我们的心永远是红的！"

雨中，缀有红色五角星的八角帽一顶顶摘下，各部队分发着新帽，但没有一个人丢掉红军帽！他们把红军帽都装进自己的口袋里，像是珍藏一件宝贝！

一二九师改编完毕后，于9月6日在陕西省三原县石桥镇举行了振奋人心的誓师出征阅兵大会。部队唱着雄壮的抗日歌曲，迈着整齐的步伐，从四面八方走向会场。天空虽然大雨倾盆，但是全体指战员却精神抖擞。一万多名身强体健的八路军指战员宛如一株株挺拔向上的松柏，在大雨中昂然耸立。大家在师长刘伯承的带领下高举右臂，庄严宣誓："……为了民族，为了国家，为了同胞，为了子孙，我们只有抗战到底……"最后，指战员们振臂高呼："打倒日本帝国主义！打倒日本帝国主义！"震天的声浪在西北高原上空久久回响。

这之后，在师长刘伯承的率领下，一二九师由石桥镇出发向山西开进，浩浩荡荡奔赴晋东北抗战最前线。

→ 初战告捷

（23岁）

1937年9月30日，叶成焕率领七七二团跟随全师从陕西富平县庄里镇一带出征。经过数天行军，队伍抵达了韩城的芝川镇，部队准备在这里东渡黄河向山西挺进。

黄河，这条中华民族的母亲河，浩浩荡荡，汹涌澎湃，从北向南奔腾而去。十余里宽的河面，翻腾着壮阔的黄色浪涛，那磅礴的气势，强烈地震撼着每一个中华儿女的心扉。它汹涌咆哮，它气势恢弘，它一泻千里！危难中的中华民族正如同这黄河在沸腾，在呐喊，在咆哮！河水不断冲刷着黄土高原的泥沙一路奔流而下，从上游下来的清水逐渐变黄。这条河长达 5464 千米，在中国北方蜿蜒流动。从高空俯瞰，它恰似一个巨大的"几"字，仿佛就是我们民族那独一无二的图腾——龙。这种机缘的巧合必定是造物主的刻意安排。中国这条巨龙注定要屹立世界东方，永远不败！

面对咆哮向前的黄河水，叶成焕的心情也同滚滚流动的河水一样无法平静。这也是他第一次看见如此波澜壮阔的大河，顿时被它的雄壮奔腾气魄深深吸引。虽然经历过不少的大江大河，但是对于黄河，他和大多数同志一样，都是第一次涉足，有生以来第一次深深感到了祖国大地的广袤和雄壮。感叹的同时，他的心里泛起一股抹不去的忧伤：这样壮阔美丽的土地，这样伟大而历史悠久的民族，怎么能容忍帝国主义铁蹄的肆意践踏？

就在叶成焕他们开进抗日前线的途中，传来了一一五师在平型关首战告捷的消息：经过激烈战斗，一一五师歼灭日军板垣师团二十一旅团一千多人，击毁汽车一百多辆，获得了抗战初期的第一个大胜利！这对他们奔赴前线的队伍而言，真是一个莫大的鼓励。

10 月 16 日，叶成焕所在的三八六旅胜利到达山西平定石

门口地区待命。这时，大同地区已经沦入日军手中，日军正分兵南下，直逼忻口。而沿平汉铁路南犯的敌人，在占领了石家庄以后，又以主力沿正太路西犯，企图配合同蒲路方向的敌人会攻太原。

国民党南京当局和第二战区司令长官阎锡山高喊着"保卫太原"的口号，在晋北忻口和晋冀交界的太行山娘子关投入了大量的兵力。叶成焕带领的七七二团抵达阳泉后紧急奔赴娘子关外围，沿路上却只看见许多国民党部队和晋军的散兵游勇。他们都是在前线同日军打仗后败退下来的部队。叶成焕拉住一个国民党军的伤兵问前方的情况，谁知那小子一提起日军，腿就打哆嗦，他说："日本人厉害呀，飞机大炮打得我们根本不能还手，队伍一打就散了。你们八路军上去也吃不住的。"战士们都骂他们是"草包"、"软蛋"、"窝囊废"。

到达平定后不久，叶成焕和王近山亲自去拜访汤恩伯第十三军的一位师长，想同他共同探讨下一步的作战计划。可结果却大大出乎叶成焕的意料。他们一行七八人按照指引进了一家宅院，让人进去通报。可当他们跨入堂屋时，眼前的一幕让他们目瞪口呆：一个身着戎装的军人正依偎在一个女人的怀里。

叶成焕哪见过这种场面，尴尬得左右不是，进退两难。那男子见他们进来，站起身来，让勤务兵看座端茶。原来此人竟是国民党军的师长。叶成焕和王近山行了礼，自报家门。那师长递上自己的名片，说道："我知道，你们团长过去都是师长，你们队伍一个团比我一个师都强呀。"

寒暄几句后，谈到他们师的布防情况，国民党军在娘子关投入了好几万人，完全采用正面野战防线，他们师作为右翼分两层布置了横向连串的防御阵线。那师长还在夸夸其谈他的防线如何牢固……听着听着，叶成焕和王近山都皱起了眉头。

走出那大院，王近山忍不住开口骂道："那狗日的还在鬼混，这种人能当师长带兵打仗？你看他摆的是啥鸟阵式，正面防线没有纵深，没有机动部队作梯队，只能死守死打。日本人只要突破一点，就会全线崩溃。这种鸟阵式还值得吹牛？！"叶成焕皱了皱眉头说道："怪不得我们师长说不能指望国民党的防线，我们应该有自己的打法。"

由于八路军的具体部署可以不受国民党军的制约，也为了有效地打击敌人，叶成焕命令团里的士兵组成侦察小分队，在娘子关以南的方位活动，侦察日军的情况。

很快就有捷报传来：侦察小分队歼灭了日军的一个运载辎重物品的队伍，在没损失一兵一卒的情况下打死敌兵十二人，还缴获了大量军用物资和东洋大马，以及一只漂亮的东洋狗。

小分队在打完胜仗回到驻地的那天晚上，叶成焕和王近山都赶来了。大家围着缴获的东洋马和东洋狗看稀奇。叶成焕拍着那条东洋狗的颈脖，不住地称赞道："好狗，好狗。一定要把它送给陈赓旅长，他最喜欢狗了。"接着，叶成焕又兴高采烈地去看那些缴获回来的军用物资，还真是不少呢，有黄呢子大衣、军服、罐头。有几个木箱不知装的啥，他本以为是子弹，可撬开一看，发现里面装着方方的纸包。他们这些人不知这是什么东西，有好奇的人打开尝了一口，大叫好吃，叶成焕很快被告知这东西叫"压缩馍馍"（压缩饼干）。另外还有个木箱里面装着一些小铁皮盒，有人用刀柄砸开一看，盒里装着五只手表，那木箱里装了许多这样的铁皮盒，叶成焕哈哈大笑着说道："看来今后打仗，时间就有准了。"驻地里的笑声顿时响彻了夜空。

10月19日，叶成焕率领七七二团到达平定县城以东的石门口。当时，日寇第二十师团、第一〇九师团正在猛攻晋东著名关隘娘子关，

奔赴抗战最前线

并已占领娘子关东南旧关等重要阵地；其主力一部经九龙关、测鱼镇等处，向正大路南侧山地西犯。该线国民党曾万钟军一部和武士敏第一六九师已被日军围困在旧关以南山地，娘子关告急，晋东前线形势十分危急。第三八六旅奉命在正太路南侧，配合战友作战。旅长陈赓命令叶成焕带第七七二团隐蔽集结于井陉南15里之于家沟，伺机而动。

21日夜，天黑得像涂了墨。在红军时就惯常使用夜战的叶成焕，考虑与敌初战，决定抓住这个好时机，打敌人一个措手不及。他派副团长王近山带领第三营，进入地形复杂的长生口设伏。长生口是敌进井陉—平定—太原的必经之路。当时，由井陉西犯的日军约一个中队，一进入长生口，叶成焕就命令部队集中火力向敌人发起冲击，他站在队伍最前面，把明晃晃的刺刀高高举过头顶，嘴里不停地喊着："冲啊！冲啊！"红了眼的战士们纷纷举起刺刀同敌人展开白刃格斗。叶成焕也一马当先，不停挥动手里的刺刀，敌人的鲜血不断喷溅到他的身上，他很快成了一个"血人"……敌人很快被打得人仰马翻，失去了还手之力。这一仗，经过一个多小时的激战，共毙敌五十余人，还缴获了不少枪支、弹药、骡马等军用物资，奔赴抗日前线的头一仗胜利打响了！

→ 伏击战创奇功

★★★★★

（23-24 岁）

长生口等地的战斗结束后，为支援国民党第三军曾万钟部，叶成焕又奉命率领七七二团于 10 月 25 日进至川口地区，准备伺机歼灭敌人。

经过几次交锋后，善于观察又善于动脑筋的叶成焕对日本鬼子活动的特点有了充分了解，他经过慎重思考后，决定利用其骄狂麻痹的心理战胜他们。于是，叶成焕率部于 10 月 26 日至 28 日，在河北省井陉县测鱼镇通往平定的七亘村连续两次设伏。他和副团长王近山一起，配合默契，出奇制胜，为敌人设置了一个又一个埋伏

奔赴抗战最前线

圈。

10月26日清晨，初升的太阳刚刚从苍翠的群山中露出红彤彤的脸。一阵清风过后，叶子便把它身上的露珠洒向它身下已经忍饥挨饿埋伏了一夜的七七二团勇士们的脸上。清凉，甘甜，让战士们疲惫的心有了一丝慰藉。但是，没有人发出半点声响，或者挪动半点身体。

当有说有笑的敌辎重部队昂着傲慢的头，由步兵保护着毫无防备地一步步走近七七二团的包围圈时，一切都在叶成焕的预料之中——敌人并没有发现埋伏在他们脚底下不远处的七七二团战士。这时，叶成焕大手一挥："吹号! 出击!"

震天的军号声吹响了，紧接着，重机枪、步枪、手榴弹都憋足了劲儿怒吼起来。子弹像倾盆暴雨般砸向小鬼子们的头顶，骄横的日军连机关枪都未来得及架起来，就被我军击毙，糊里糊涂做了异国他乡的小鬼。

这次伏击，我军仅以伤亡十余人的代价，消灭了日军的大部分辎重部队，并缴获了三百多匹骡马以及骡马身上驮着的大批军用物资。望着堆积如山的战利品，叶成焕高兴得合不上嘴。他们花了一天一夜的工夫，还请了不少当地群众来搬运物资，才算把这些战利品搬运完毕。

10月28日，叶成焕带领全团战士又在七亘村进行了第二次伏击。这次伏击，我军同样以微小的代价换来了绝对胜利。

缴获了敌人四百多匹骡马和大批军用物资。这下子，叶成焕的七七二团全部都"鸟枪换炮"了。战利品让七七二团过了一个温暖而富足的冬天。战士们都穿上了日军崭新的黄呢子大衣，带上了防寒又抗打击的钢盔，还穿上了锃亮的大皮鞋，背上了日制的三八式步枪，并配备上了歪把子机枪，队伍里还增添了很多匹膘肥体壮、神气十足的大洋马。

看着装备一新的队伍，叶成焕的心里别提多高兴了。更重要的是，在这次三八六旅的对日首战中，七七二团立了头功。部队开了简易的表彰大会，叶成焕还光荣地佩带了大红花。当地群众也都欣喜若狂，抗战情绪空前高涨，很多群众纷纷报名参加八路军，还有很多群众主动送来了家里仅有的"奢侈品"慰问八路军。胜利的气氛遍布八路军驻地的每一个角落。

接着，在师长刘伯承的指挥下，三八六旅在昔阳县黄岩底再次与敌军交战，并获得全面胜利。

黄岩底位于山西省昔阳县东南，是两侧绝壁下面的一条狭沟，地形非常险要，是居高临下埋伏的好地方。11月2日，敌十二师团一三五联队经黄岩底向昔阳进犯。叶成焕按照命令，率第七七二团占领巩家庄以东高地，随时准备伏击敌人。当日下午，敌人在八路军三八六旅七七一团扼守的凤居阵地前受挫，向黄岩底河滩一带溃逃。

在敌人翼侧高地的叶成焕手拿望远镜屏息注视着敌人的一举一动，当他观察到敌人队形不整，人员密集，慌张后退时，便果断地放弃原来的伏击计划，命令部队集中火力，向后退之敌实施猛烈的火力突袭。霎时，枪声骤起，炮声轰鸣，喊杀声响彻云天。敌人被这突如其来的袭击弄得不知所措，东躲西藏。鬼子军官不断驱赶已经六神无主的士兵向叶成焕团发起冲击，然而，日本兵的武士道精神终究抵不住子弹的袭击，不一会儿工夫，缺乏组织和装备的三百多日军官兵便倒地毙命。活着的日军也像无头苍蝇一样到处乱撞。

又是一个漂亮的大胜仗！

叶成焕心里禁不住乐开了花。陈赓旅长也对叶成焕提出了表扬。这以后，大家对叶成焕更加信任了。只要知道是叶成焕在前方指挥作战，就算是紧皱着眉头的刘伯承，也会顿时把眉头舒展开来。

1938年3月，刘伯承、邓小平继长生口等诱伏战之后，又安排了一个更大的打击敌人的计划：以"攻其所必救，歼其救者"的战法，令三八五旅二十七师为左翼队，袭击黎城，引诱潞城的敌人来援；以三八六旅为右翼，在潞城与潞河村之间的神头岭地区设伏，歼灭由潞城向黎城增援之敌。

根据勘察，三八六旅旅长陈赓在神头岭地区给日军布置了一个"口袋"：以七七二团埋伏于邯（郸）长（治）公路以北、神头岭以东高地及安南岭西北高地，实施主要突击；由辽县、黎城、涉县一带的游击队和民兵组成的补充团设伏于对面的鞋底村一带。

这天，三八六旅的指挥部里座无虚席。陈赓旅长正在召开团干部作战会议。"同志们！师首长决定，由三八五旅的七六九团负责袭击黎城的敌人，引诱潞城的日军来援，我们三八六旅则在潞城与浊漳河畔的路河村之间设伏，将援敌歼灭。"他清了清嗓子，望着在座的人声音洪亮地说道。

接着，政委王新亭向大家介绍了山西战场的形势，他展开一张地图介绍道："今天我们会议的中心议题就是伏击点的位置选择问题。大家都可以发表意见。"

团干部七嘴八舌地开说了。"这个地方不错，

△ 陈赓

公路穿谷而过，沟两旁山陡坡险，既便于隐蔽部队，又有利于出击。"

"看来，这里是最理想的伏击点了。"

……

会议在热烈的气氛下进行着。最后，陈赓旅长站起身严肃地叫道："七七二团！"

"到！"叶成焕噌地起身来。

"如果把你团二营放在申家山，能不能在40分钟内冲上公路？二营可是一向以速度著称的哦。"

叶成焕正了正头上的帽子，自信而有把握地说："没问题，保证在半个小时内完成任务！"

"好！"陈赓斩钉截铁地说，"那就这么办了。都下去准备吧！"

又是一夜埋伏，叶成焕带领着战士们在黑暗中忍饥挨饿地蹲守在阵地上。3月15日，在焦急的等待中，天终于发亮了。叶成焕从望远镜里看到公路上尘土飞扬，知道是敌人快要接近埋伏区了。他立即回头，向设伏部队发出命令："注意隐蔽，随时准备战斗！"战士们此时正伏在距大路仅二十多米远的工事里，大家既紧张又刺激，一个个屏气凝神。

时间在焦急的等待中一分一秒地过去了。上午9点左右，日军第十六师团部队连同第一〇八师团笹尾部队一个辎重队，正如我军预料的一样，前来救援黎城。这是一支气势汹汹又无比轻狂的队伍，只见这个队伍的前后都是步骑兵，大车队则在队伍最中间。整个队伍拉了好几里长。他们正毫无察觉地仰着脖子往前行进。

敌先头部队进至神头村集结休息，派出骑兵搜索分队向第七七二团第一营埋伏地点搜索。眼看敌人骑兵就要踩到战士头上了，叶成焕的心里开始打起了鼓。如果被敌人发现，那

117
奔赴抗战最前线

一切计划就都功亏一篑了!

但是,由于部队伪装严密,敌人对眼前不远的工事视而不见。他们搜索了一圈后就回去汇报了。不一会儿工夫,敌人的大队人马终于大摇大摆地钻进了八路军布置好的口袋里。叶成焕禁不住兴奋地下令:"开始攻击!"

顷刻间,战士们从工事里、草丛中跳出来。霎时间,一排排手榴弹黑麻麻地朝公路上的鬼子砸去,发出震耳欲聋的爆炸声。来不及抵抗的敌人在黑色夹着红光的硝烟中抱头鼠窜。叶成焕又率领战士们端起明晃晃的刺刀,甩开雪亮的大刀,像小老虎一样朝惊魂未定的敌人扑了过去……随着震天撼地的爆炸声和喊杀声,日军的队形一下子变成了一条狂跳的火龙,敌人四处奔窜!

就在敌我双方杀得难分难解之时,一阵喊杀声又从天而降。原来,奉叶成焕之命埋伏在申家山的七七二团二营战士猛冲过来,一下将敌人切成了数段。失去指挥的鬼子四处逃命,有的滚进沟里,有的趴在死马后面,也有的躲在石头缝里胡乱地射击……但面对斗志昂扬、准备充分的八路军战士,敌人的一切抵抗都注定是徒劳的。最后,全部日军被八路军战士一一围歼。神头岭之战以我军大获全胜而画上了完满句号。这次伏击战,八路军第一二九师共歼敌一千五百余人。

⊕ 拦腰斩日寇

★★★★★

（24岁）

冬去春来，万物复苏。河边的柳树抽出了嫩绿的新芽。田地间的野花也抽出了新的花蕾。一切都同年轻的八路军三八六旅的官兵一样，显得那么生机勃勃。4月15日黄昏，血红的落霞为天空披上了金红色的外衣，和煦的微风轻轻拂过人们的脸。一切都沐浴在和谐和安静之中。

可是，就在这个平静的黄昏里，又一场激烈的战斗即将拉开帷幕——旅长陈赓命令七七二团以一个营的兵力袭扰武乡城。当时，占领武乡的三千多日本鬼子，在城里已经被八路军敌退我进、敌疲我扰的游击战术袭扰得惶惶不安，故而一有风吹草动，便仓皇弃城，沿武（乡）襄（垣）大道向长乐村逃窜。陈赓根据战场形势，将部队分为左右两路：七七二团、六八九团在左，二十七师和预备队尾左路之后，沿浊漳河北岸与南岸的山地追击日军。

可就在这个关键时候，由于长期超负荷的劳累和生活条件的艰苦，叶成焕不幸染上了严重的肺病，身体一下子垮下来，原本红彤彤充满血色的脸，变得像蜡纸一样黄，而且大口大口地吐血，豆大的汗珠不断从他的额头上滚落，病痛让这个坚强的汉子眉头紧锁。

看到这种情况，陈赓旅长关切地对他说："成焕啊，你病成了这个样子，这次战斗就不要参加了，你赶紧收拾一下，现在我就派人送你到后方治病去。"叶成焕一听这话却急了，他一双清澈的眼睛望向陈赓："旅长，我这个已经是老毛病了，不碍事，只要一上战场，杀他几个日本鬼子，我立刻就什么病都没有了。再说，我这些年在战场上受过多少次伤，这点病痛又算什么？战士们需要我亲临战场啊，我无论如何都不能离开战场。"陈赓见实在无法说服叶成焕，只好允许他参加战斗："那好吧，不过，这次战斗结束后，你马上就得给我进医院去治疗。"叶成焕敬了一个军礼，兴高采烈地答道："是！"

叶成焕依照部署，指挥七七二团先行开路。途中，侦察员跑来报告说：敌人先头部队已过长乐村，其辎重尚在白草延附近，马庄只有少数后卫部队。此时，七七二团已经到达白草延对岸的郑峪村、张庄以北高地，与七七一团两岸平行。叶成焕心想：这是急袭敌人的最有利战机，若等到敌人过了长乐村再打就晚了。于是，在和七七一团领导短暂商量后，他决定不待后续部队赶到，两团相对突击，将敌拦腰斩断。

16日拂晓时分，战斗在长乐村周围展开了。日军的辎重人马被压制在长乐村以西的型村、李庄、白草延、马庄一线狭窄的河滩小路上无法展开。敌人为了摆脱被动局面，向七七二团

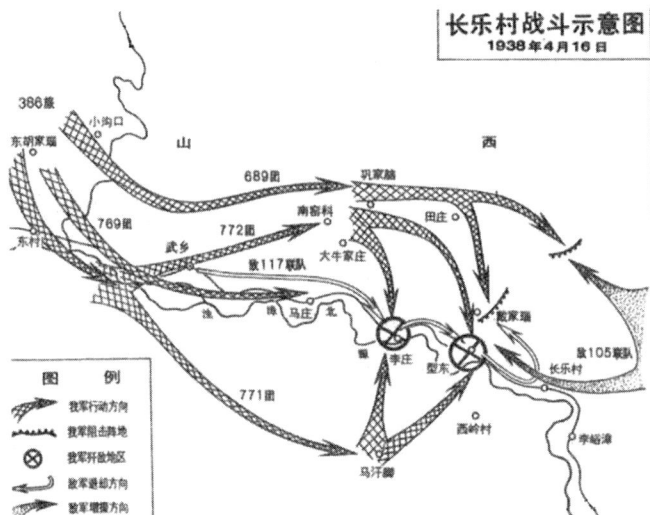

△ 长乐村战斗示意图

发起了轮番冲击，企图占领要地，威胁八路军部队的侧后。叶成焕命令特务连抢先占领要地，集中火力对爬上半山腰的鬼子猛扫，打垮了鬼子的冲锋。战至中午，敌第一〇零五联队三千余人由辽县经蟠龙赶来增援。激战两个小时以后，辽县的敌人又派出千余人来增援，向我主阵地实施反击。这时，叶成焕来到最前沿，指挥战士们同敌人血拼。

→ 英勇牺牲

★★★★★

（24岁）

转眼间，叶成焕已指挥部队同敌人激战了两个小时，被包围的敌人已全部被歼灭。这时，刘伯承师长突然发现辽县方向又有一千多名日军赶来增援，遂决定留下少数兵力阻滞敌人，主力于黄昏后撤出战场。

接到命令后，叶成焕及时组织部队撤离战斗，大部队按照命令撤离了，可叶成焕自己却跟着最后撤退的部队一边后撤一边用望远镜观察敌情，敌人的援兵已冲到沟下了，通信员提醒他说："团长，你站在高坡上危险，赶快走吧！""等一等再走，我在这儿看得清楚。"叶成焕仍没有动。

一颗子弹"嗖"地飞过来，从他衣袖穿过，可是，身经百战多次负伤的叶成焕丝毫没有在意，继续用望远镜观察敌人的情况。就在这时，又一颗子弹带着尖啸声毫不留情地朝叶成焕飞了过来。没有来得及躲闪的叶成焕不幸被这颗子弹打中了头部，刚毅的身躯缓缓倒下了……

叶成焕头部中弹，脸色苍白，已昏迷不醒。师长刘伯承闻知后，赶到担架前，俯身抱着叶成焕的头，痛心疾首地连声呼喊："成焕，成焕哪！"随军的姚护士马上从身上撕下一条布把叶成焕的头包扎起来，让担架抬着他后撤。姚护士是刚到七七二团不久的新战士，因为是女性，生活和工作中难免会遇到很多麻烦，叶成焕总是在她最需要的时候，给予她细致的关心与帮助。此时，她的心里难受极了。

这个时候，叶成焕却突然间清醒过来，他艰难挣扎着问："队伍呢？在哪儿？快撤……"说完这句话，又闭上了眼睛。王近山此刻眼睛都红了，吼道："狗娘养的小鬼子！"他从一个战士手里夺过一挺歪把子机枪，对着那些日本鬼子一阵狂扫。瞬间，日军倒下好几个人。他们马上开始反击，一颗子弹打在王近山的手臂上，剩下的战士马上架着他撤离了战场。

部队全部撤至离长乐村七十多里的郝北村。这次战斗取得了胜利，但是七七二团全团上下没有一个人是高兴的。团长受伤生死不明，副团长也受了伤，他们的损失太大了。

野战医院立即安排手术，姚护士护送叶成焕进入了手术室。这次手术进行了五个多小时，因为中弹部位是在头部，要取出子弹非常困难。

医生刚一走出手术室，王近山等人一直守候在外面的人迫不及待地围上前："医生，是不是没事？"医生摘下口罩，无奈地摇摇头："子弹是取出来了，不过伤员还是很危险，活过来的机会很小，主要看他自己的意志了。"王近山顿时惊呆了。"姚护士……"王近山望着姚护士。"除非有特别的奇迹？"姚护士神情木讷地说了一句，然后她再也说不下去了。她一个人跑了出去，一直跑到村后的山头大声哭泣。

晚上，姚护士一直守在叶成焕的身边。她握着叶成焕的手渐渐睡着了。凌晨的时候她从梦中惊醒，突然感觉叶成焕的手动了一下。她激灵一下直起身子，轻轻摇着叶成焕的手低声问道："叶团长，你醒了吗？"叶成焕睁开眼睛，似乎想说什么。可是他的嘴角努力地动了动，还是一个字都没有说出来。紧接着，他全身痉挛了一下，眼睛就又闭上了。握在姚护士手里的那只手也无力地垂了下去，头歪向了一边。

姚护士她大叫一声。医生和王近山等人马上冲了进来。医生检查了一下，略带歉意地告之："叶团长已经牺牲了！"然后，他看了一下手腕上的手表："现在是6点20分……"所有人的眼睛都红了，姚护士一直默默流泪。叶成焕真的牺牲了！想到以前叶成焕对自己无私的帮助，想到她以后再也见不到叶团长了，他的音容笑貌永成记忆，姚护士禁不住哭出声来……

在叶成焕遗体入殓之前，朱德总司令从八

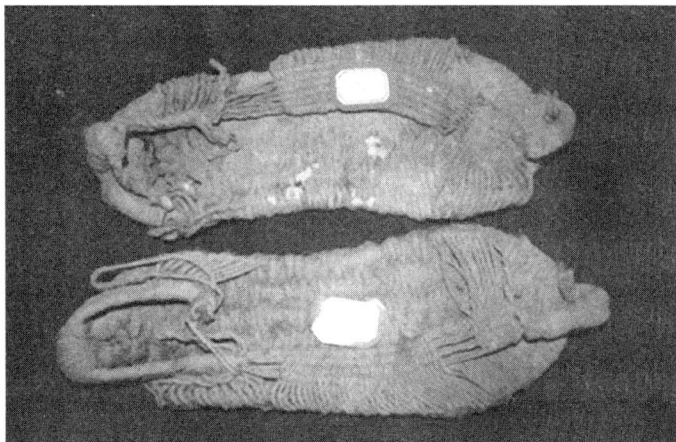

△ 叶成焕穿过的鞋子

路军总部赶到一二九师，参加遗体告别仪式。为了悼念叶成焕和其他抗日阵亡将士，一二九师召开了一个追悼大会。会场设在离师部不远的一个山岗上，灵堂正中的一张桌子上放着由七七二团参谋长王波精心绘制的叶成焕的遗像。刘伯承在追悼大会上悲痛地说："叶成焕没有辜负党的教育，终于成为了一个很好的布尔什维克。"

追悼会后，山上多了一座新坟。当地的群众为了纪念在长乐村战斗中牺牲的叶成焕，为他树立了一个纪念碑。逢年过节，都可以看到附近的群众纷纷来到这位抗日英雄的墓前祭扫。全国解放初期，河北邯郸晋冀鲁豫烈士陵园建立，叶成焕的遗骨被送往邯郸烈士陵园安葬。

长乐村战斗，歼灭日军两千二百余人，是第一二九师粉碎"日军九路围攻"中具有决定意义的一仗。这次战斗，使日军第一〇八师团遭到沉重打击，不到半个月，各路敌军纷纷溃退，八路军乘胜追击，将敌人全部赶出晋东南地区。

后 记

英雄浩然之气永存

忆往昔，在那腥风血雨的战争年代里，多少仁人志士为了民族的解放事业，抛头颅，洒热血，前赴后继，视死如归，用他们宝贵的青春和热血，谱写了可歌可泣的壮丽诗篇。

是怎样深沉的爱？又是什么鼓舞了这样一位才华横溢的年轻虎将坚持不懈，昂首挺胸地向前迈步？是对革命真理的追求，是对祖国伟大而深沉的爱鼓舞了他们，从而为革命事业义无反顾地奋斗、拼搏！新中国的辉煌是像叶成焕这样的智勇双全、不畏牺牲的英雄用鲜血和汗水换来的，伟大祖国的尊严是他们誓死悍卫的。数不胜数的英雄儿女，在战场上浴血奋战，奋勇杀敌。他们那叱咤风云的英雄气概，令所有来犯的敌寇闻风丧胆——谁当横刀立马，唯我中华儿女。

时光漫漫，许多往事都如同过眼浮云，稍纵即逝，烈士所激发出来的坚定信念，却永远会铭刻在我们每一个人的心中。他们艰苦朴素的精神和不屈不挠的信念将永远留在我们心中。

　　我们的先烈，他们也珍视生命，也热爱生活，他们懂得爱情，他们追求幸福。但是，为了免除下一代的苦难，他们选择牺牲自我。革命烈士用自己殷殷的鲜血证明对党的忠诚，对人民的挚爱。他们用鲜血换来了人民的翻身解放，换来了红彤彤的新中国。现在革命先烈的身躯已不复存在了，他们的尸骨早已化为坟头的青草，春夏秋冬青了又黄，黄了又青，但他们留给后人的精神财富却是永恒的，从他们身上得到了对人生的启示，这种启示影响和激励着每个人去认识自己生命的意义，去思考自己的行为价值。